HACIA UNA ECONOMÍA MORAL

ANDRÉS MANUEL LÓPEZ OBRADOR

HACIA UNA ECONOMÍA MORAL

Diseño de portada: Planeta Arte & Diseño
Fotografía de portada: cortesía del autor
Diseño de interiores: Eliud Hernández
Cuidado editorial de gráficas: Sandra Ferrer

Bajo el sello editorial PLANETA M.R.
Avenida Presidente Masarik núm. 111, Piso 2
Colonia Polanco V Sección, Miguel Hidalgo
C.P. 11560, Ciudad de México
www.planetadelibros.com.mx

Primera edición impresa en México: noviembre de 2019
ISBN: 978-607-07-6482-0

Impreso en los talleres de Litográfica Ingramex, S.A. de C.V.
Centeno núm. 162-1, colonia Granjas Esmeralda, Ciudad de México
Impreso y hecho en México - *Printed and made in Mexico*

ÍNDICE

PRÓLOGO

Cuando habían transcurrido los días más agitados que siguieron a la jornada electoral del 1 de julio, fui a saludar al recién electo presidente Andrés Manuel López Obrador. «Ya sé a qué vienes —me dijo—. Quieres comprobar si es verdad que gané».

Cierto, sentía curiosidad. Me recibió con un abrazo en su austera oficina de lo que fue la casa de transición en la Ciudad de México. En 2006 un fraude electoral le había arrebatado el triunfo y seis años después, en 2012, la historia se repitió. En 2018 fue su tercer intento y ya había anunciado que si no ganaba se iría a La Chingada, su quinta en el estado de Chiapas. Nuestra conversación transcurrió con tonos de alegría y añoranza; finalmente, y eso era de celebrarse, el pueblo mexicano había derrotado casi un siglo de antidemocracia, pero muchos de nuestros compañeros se habían quedado en el camino, no les tocaría vivir el día victorioso por el que tanto lucharon.

• • •

En este libro, *Hacia una economía moral*, López Obrador expone su visión de la Cuarta Transformación de México y las tareas que ha emprendido desde su primer año de gobierno para realizarla. Hay un trazo, una línea, que enlaza la trayectoria del Jefe de Estado con la del joven funcionario del Instituto Nacional Indigenista que en 1977 organizaba programas sociales en la zona chontal de Tabasco. Es una línea recta, sin paréntesis ni puntos suspensivos. Los ideales de ahora son los mismos de entonces: fortalecer la democracia, reducir la pobreza y la desigualdad, erradicar la corrupción y rehacer el tejido de la moral pública. *No mentir, no robar, no traicionar al pueblo*, como código de conducta.

Recibió como herencia de los gobiernos neoliberales un país inmerso en la corrupción, devastado, con 52 400 000 pobres (más de la mitad de la población), de los cuales 9 300 000 sobreviven en la pobreza extrema; un territorio ensangrentado por la narcopolítica, con más de 300 000 muertes violentas entre 2000 y 2018, sumando los saldos rojos de los expresidentes Vicente Fox, Felipe Calderón y Enrique Peña Nieto. Transparencia Internacional califica a México como uno de los países que registran mayores índices de corrupción e impunidad y el Índice Global de Paz lo ubica entre los más violentos del mundo.

López Obrador responsabiliza del desastre al neoliberalismo, o neoporfirismo, como también lo llama. Plantea como alternativa en esta obra la transformación del país, que incluye una economía moral orientada al bienestar. Primero los pobres, para bien de todos.

No es superfluo repasar algunos sucesos de su vida, aunque sea fugazmente, porque ahí aparecen algunas de las claves de sus acciones como presidente de la República. En su natal Tabasco se encuentra la semilla de su carrera como dirigente social que describe en uno de sus libros:[1]

> Trabajar de 1977 a 1982 en la zona indígena chontal de Tabasco fue para mí una experiencia extraordinaria. Allí echamos a andar programas sociales integrados y logramos mejorar las condiciones económicas y sociales de los pueblos. Allí comprobé que, con una política de apoyo a la gente pobre, siempre se logran buenos resultados: los indígenas tuvieron dónde sembrar porque adquirimos buenas tierras y se les entregaron; pusimos en marcha un programa para rehabilitar zonas pantanosas mediante la tecnología tradicional chinampera, como en Xochimilco, lo que llamamos *camellones chontales*; se creó un programa de crédito a la palabra para la ganadería y la agricultura. Me tocó fundar las escuelas secundarias en la zona, así como centros de salud y hospitales; construimos viviendas y caminos; introdujimos

agua potable y organizamos cooperativas de consumo y de transporte.

Su incursión en la política electoral, en 1988, como candidato del Frente Democrático Nacional a gobernador del Estado de Tabasco, es la primera de una serie de frustrantes experiencias: enfrenta al entonces invencible sistema priista, la «dictadura perfecta». Participa en la fundación del Partido de la Revolución Democrática. Organiza la primera de las que serían numerosas marchas de protesta contra los fraudes electorales: el Éxodo por la democracia, de Tabasco a la Ciudad de México, un recorrido a pie de más de 1 000 kilómetros. En 1994 es postulado nuevamente por la izquierda como candidato a gobernador y sufre otro fraude electoral del priismo. Nuevo Éxodo por la democracia a la capital del país. Se opone al intento privatizador del petróleo del presidente Ernesto Zedillo con un movimiento de resistencia civil pacífica. Marca su línea: la no violencia. Sufre con su familia una implacable persecución. El gobierno libra 12 órdenes de aprehensión en su contra, pero no se atreve a ejecutarlas. En 1997 es designado presidente nacional del Partido de la Revolución Democrática. Otro desencuentro con Zedillo, la ruptura definitiva, con motivo del Fobaproa, el fraude que trasladó a los mexicanos el costo de la quiebra de bancos y empresas. En estas circunstancias se registra la traición del presidente del comité ejecutivo nacional del conservador Partido Acción

Nacional, Felipe Calderón, que rompió su compromiso de oponerse al fraude. Gana la Jefatura de Gobierno del Distrito Federal en el año 2000, al mismo tiempo que Vicente Fox, el candidato de la derecha, la Presidencia de la República. *Cocacolero* de origen, Fox llega a gobernar a favor de las corporaciones internacionales y nacionales. Choca con López Obrador por el tema del IVA, el gravamen sobre alimentos y bebidas que quiso imponer en perjuicio de la gente pobre. No prospera el gravamen. López Obrador desarrolla, a gran escala, las políticas sociales que originalmente utilizó en Tabasco; crea la pensión para adultos mayores. Fox ve en él un peligro y se convierte en una obsesión sacarlo de la carrera presidencial. Primero con los videoescándalos, una trama en la que participan un aventurero argentino, Carlos Ahumada, así como el expresidente Carlos Salinas de Gortari, Diego Fernández de Cevallos, Juan Collado y otros, con el apoyo de Televisa y la mayoría de los medios de comunicación. No consiguen anularlo. Luego vendría, en 2005, el desafuero. La Cámara de Diputados, dominada por el PRI y el PAN, siguiendo órdenes de Fox, con el apoyo del presidente de la Suprema Corte de Justicia, Mariano Azuela, lo saca del gobierno de la capital del país. Los ciudadanos salen a las calles a protestar multitudinariamente. Fox se acobarda y recula.

López Obrador arranca su primera campaña por la Presidencia de la República en agosto de 2005, traza tres ejes: *1)* combatir la corrupción: *2)* aplicar una política de austeridad y *3)* terminar con los privilegios fiscales. Su adversario es Felipe Calderón, apoyado por Fox y la mafia del poder. Los ciudadanos le dan el triunfo a Andrés Manuel, pero el Instituto Federal Electoral y el Tribunal Electoral del Poder Judicial Federal se lo roban y fabrican la presidencia ilegítima de Calderón. Barruntos de insurgencia civil. López Obrador opta por la resistencia civil pacífica. Centenares de miles de personas salen a protestar en todo México. Los inconformes instalan campamentos en el Zócalo y en Paseo de la Reforma. Instaura la presidencia legítima. Tras una intensa tarea de concientización popular, vuelve a postularse a la Presidencia en 2012, enfrenta a Enrique Peña Nieto, del PRI, una hechura de Televisa. La mafia del poder de nuevo hace sentir su fuerza, defiende sus privilegios. La compra masiva de votos le da el triunfo a Peña Nieto. La campaña de este recibe fondos de la compañía brasileña Odebrecht a cambio de futuros contratos gubernamentales. Actualmente la Interpol busca al exdirector de Pemex, Emilio Lozoya, quien enfrenta cargos de corrupción y fue el contacto con Odebrecht.

El 1 de julio de 2018 López Obrador, con 30 000 000 de votos, es electo presidente de la República. (Mayoría «aplastante», según la crónica en *The New York Times*). Obtiene más votos que los otros tres candidatos... ¡juntos!

• • •

Este libro gira en torno a su proyecto para llevar a cabo la Cuarta Transformación del país. La primera fue la Independencia de México, la segunda, la guerra de Reforma y la tercera, la Revolución. Muestra cómo desde el primer día de su mandato López Obrador se empeña en detener el saqueo de los bienes de la nación, contener la violencia de la narcopolítica, abatir la corrupción, reactivar la economía y el desarrollo, y convocar al pueblo a crear un código inspirado en valores morales. El principio fundamental de Andrés Manuel sigue siendo el mismo de hace más de cuatro décadas: *por el bien de todos, primero los pobres*.

La resistencia al cambio es dura, agresiva, porque no se trata solamente de un cambio de gobierno, sino de un cambio de régimen. El pueblo cobró en las elecciones del 1 de julio la traición del Pacto por México que firmaron PRI, PAN y PRD; entregaron el petróleo, el gas y la electricidad a intereses privados nacionales y extranjeros. El PRI, que gobernó por décadas, quedó disminuido a su mínima expresión en el Congreso; el PAN se encuentra fragmentado y el PRD está en vías de extinción. La oposición está «moralmente derrotada», ha dicho López Obrador. Sin embargo, los grandes intereses económicos continúan vivos, maquinando y actuando para conservar sus privilegios. Atacan al nuevo régimen desde organizaciones supuestamente ciudadanas o empresariales, y utilizan los servicios de periodistas y «líderes de opinión» que resultaron afectados por la disminución del 50% del presupuesto de publicidad del Gobierno.

El primer capítulo de esta obra es un ensayo sobre lo que el autor considera el principal problema de México: la corrupción. Lo explora desde sus raíces, cuando al tesoro de Moctezuma, aún antes de ser distribuido, ya le faltaba la tercera parte, porque se la habían repartido Hernán Cortés y los capitanes mientras los soldados recibían unas cuantas monedas.

En nuestros días el tesoro de Moctezuma son los recursos naturales del país que los gobiernos neoliberales entregaron al bandidaje. Andrés Manuel cita una frase que refleja la situación: *un político pobre es un pobre político*.

No existía en la legislación penal el delito de corrupción, por lo tanto, no se perseguía ni castigaba. Los corruptos arreglaron las leyes para blindar su impunidad. Una de las primeras acciones del Gobierno de la Cuarta Transformación es una reforma constitucional para combatir la corrupción con penas de cárcel severas.

Me comentó Andrés Manuel, ya instalado en su oficina de Palacio Nacional, frente a una taza de café, que la razón por la que los gobiernos del neoliberalismo no llevaron a la quiebra total al país es por la riqueza inagotable de sus recursos naturales: el petróleo, el gas, la pesca, las minas. No alcanzaron a acabar con todo. Sin embargo, dejaron las finanzas públicas en crisis. La deuda pública sobrepasa 10 billones de pesos, el 44.9% del producto interno bruto, los intereses que deberá pagar la nueva administración absorberán más de 700 000 millones del presupuesto anual. Aun frente a este escenario, López Obrador ha cumplido su compromiso de no subir los impuestos ni asestar gasolinazos a los consumidores, el Gobierno tampoco ha adquirido nuevas deudas.

Finalmente se está combatiendo la impunidad. Hay «pollos gordos» en la cárcel: Alonso Ancira, Rosario Robles, Juan Collado, entre otros, y está bajo investigación el poderoso líder sindical petrolero Carlos Romero Deschamps.

La inseguridad

El problema más urgente que enfrenta el país es el crimen, reconoce López Obrador. La guerra contra el narco que desató Felipe Calderón se convirtió en un río de sangre. Peña Nieto entregó el país sin policía, con la población expuesta a todas las formas de delincuencia. El nuevo Gobierno creó la Guardia Nacional que está tratando de devolver la seguridad y la paz al país.

En los tres gobiernos anteriores —Fox, Calderón y Peña Nieto— se registraron alrededor de 300 000 muertes violentas. Sin embargo, no hay una cifra exacta porque con frecuencia se encuentran más cadáveres en fosas clandestinas. La política de la administración tiene un nuevo enfoque: no enfrentar la violencia con más violencia, sino atender las causas del problema. Entre ellas se encuentran la pobreza, la falta de educación y de oportunidades de trabajo.

López Obrador reseña en las páginas que siguen acciones transformadoras en educación, en salud, en cultura. Han sido disminuidos los salarios de la élite burocrática y subió el salario mínimo a los trabajadores. Las empresas privadas nacionales e internacionales pueden desarrollarse con libertad, mientras no transgredan el orden jurídico y paguen los impuestos que les corresponden. Ninguna ha sido expropiada. El gobierno respeta la autonomía del Banco de México, la inflación está dentro de su objetivo. No hay limitaciones para la libertad de expresión. El factor Trump ha jugado un papel desestabilizador para el peso mexicano. Sin embargo, Andrés Manuel ha evitado una confrontación con el impredecible presidente del país vecino. Han recobrado brillo los principios tradicionales de la política internacional: no intervención y libre autodeterminación de los pueblos.

Bienestar

A lo largo de los años, se han dedicado centenares de miles de millones de pesos a paliar la pobreza de la gente. Paradójicamente cada año hay más pobres. El dinero no llegaba completo a los ciudadanos, se perdía en la corrupción. El nuevo gobierno diseña un esquema de tarjetas bancarias para eliminar a los intermediarios. Expone López Obrador varios programas que ha echado a andar para mejorar la vida de las familias, entre otros, los siguientes.

1. Pensión para los Adultos Mayores
   Abarca a 8 000 000 de personas a partir de los 68 años que reciben 2 500 pesos bimestrales; los indígenas, desde los 65.
2. Programa Nacional de Becas Benito Juárez
   Incluye a 10 000 000 de niños y jóvenes de familias pobres en todos los grados escolares.
3. Jóvenes Construyendo el Futuro
   Becas de capacitación laboral en empresas para jóvenes, entre 18 y 29 años, «que ni estudian ni trabajan», 3 600 pesos mensuales. Meta: 2 300 000 de jóvenes. Ya han sido incorporados 930 000.
4. México importa actualmente una parte substancial de sus alimentos. Sembrando Vida es un programa de apoyo de 5 000 pesos mensuales para productores agrícolas con tierras de hasta 2.5 hectáreas de extensión, diseñado para recuperar la autosuficiencia alimentaria.
5. Salud para toda la población
   La meta hacia 2024 es garantizar que todos los mexicanos puedan recibir atención médica y hospitalaria gratuita, incluidos el suministro de medicamentos y de materiales de curación, y los exámenes clínicos.

La república amorosa

En el plano de los valores éticos, López Obrador, como plantea en su libro, ha renovado el compromiso de convocar a toda la población a que participe en la creación de una Constitución Moral, un código que reúna, enaltezca y fomente los valores que ya existen en las familias mexicanas. Para ello, anuncia que convocará a un gran movimiento nacional, una revolución de las conciencias. Algunos sostienen que no hay valores en México, sin embargo, son tan vigentes que pueden medirse. Los migrantes envían a sus familias cada año más de 30 000 millones de dólares (dato de 2018), ganados duramente con su trabajo en Estados Unidos. Qué mayor muestra de arraigo, abnegación y amor a la familia.

La austeridad republicana es el sello de la Cuarta Transformación. López Obrador recortó su salario a la mitad del último presidente priista —108 000 pesos mensuales netos—, y renunció a prestaciones millonarias. Cerró la residencia oficial de Los Pinos y vive en Palacio Nacional. Prescindió de los servicios del Estado Mayor Presidencial y los guardaespaldas; asegura que el pueblo lo cuida. Puso a la venta el avión presidencial y viaja en vuelos comerciales. Ha dado instrucciones a los funcionarios para que no atiendan recomendaciones ni negocios de sus hijos. Su esposa Beatriz, escritora y promotora cultural, no ocupa cargos públicos. Andrés Manuel no descansa los fines de semana, recorre la República escuchando necesidades de los ciudadanos. Cada día, después de reunirse con el gabinete de seguridad, atiende *La mañanera*, una conferencia de prensa que se trasmite a toda la nación a partir de las siete de la mañana, en la que informa sobre las acciones del Gobierno y contesta las preguntas de los periodistas.

Faltan muchos capítulos de la historia que el pueblo mexicano comenzó a escribir la jornada electoral del 1 de julio de 2018, y algunos obstáculos, como la criminalidad, parecen insuperables. Sin embargo, es optimista. «Es mucho lo alcanzado —dice López Obrador— en pos de estos ideales. Con lo conseguido en apenas un año bastaría para demostrar que el cambio de gobierno no ha sido más de lo mismo; por el contrario, está en marcha una auténtica regeneración de la vida pública de México».

En el transcurso de los tiempos, los seres humanos han imaginado un lugar donde imperen la bondad y el amor, una utopía. Andrés Manuel propone una república amorosa, aquí y ahora. «Cuando hablo de una república amorosa —afirma— propongo regenerar la vida pública de México mediante una nueva forma de hacer política, aplicando en prudente armonía tres ideas rectoras: la honestidad, la justicia y el amor».

Enrique Galván Ochoa

INTRODUCCIÓN

Este libro lo escribí luego de cumplir con mi cotidiano y apasionado trabajo de transformar, con el apoyo y la participación de mucha gente, la vida pública de nuestro entrañable país. Pero aún con la prisa es un texto íntimo que registra las acciones iniciales de un proceso con experiencias, en muchos casos, inéditas en la historia política de México.

Además era indispensable no solo argumentar sobre el fracaso del modelo neoliberal o neoporfirista, sino explicar los fundamentos de la nueva política que postulamos y estamos llevando a la práctica. Recuerdo que cuando estábamos en la oposición, nuestros adversarios y sus voceros nos decían con frecuencia que podían coincidir con nuestro diagnóstico, pero no les quedaba claro nuestro proyecto alternativo; hasta se puso de moda la expresión: «Sí, sí, pero explícame los cómos».

De modo que este trabajo, en esencia, responde a esa crítica que, en buena medida, se mantenía apegada a la idea de que no había de otra, de que el modelo neoliberal era la única opción, como si se tratara de la Biblia y no de lo que es en realidad: una amalgama de sofismas elaborados y difundidos para buscar justificar la corrupción y el lucro de unos pocos a costa del sufrimiento de la mayoría de la población y sin importancia alguna en el interés público.

Agradezco a Enrique Galván Ochoa por escribir el prólogo, así como el apoyo que recibí, como siempre, en la revisión y corrección del texto por parte de Pedro Miguel, Laura G. Nieto y de mi amada Beatriz.

Dedico este texto a la memoria de Jaime Avilés,
un Quijote humanista de nuestro tiempo.

Capítulo 1

LA CORRUPCIÓN, EL PRINCIPAL PROBLEMA DE MÉXICO

La corrupción fue por mucho tiempo el principal problema de México. En la historia se registran infinidad de casos sobre este fenómeno económico y político, que de manera absurda e interesada ha sido calificado como social o cultural. Apenas desembarcó en Veracruz, el conquistador Hernán Cortés, sin ningún fundamento legal, se autonombró alcalde y jefe del ejército invasor. Décadas después, uno de sus soldados, el famoso historiador Bernal Díaz del Castillo, denunció que el reparto del tesoro de Moctezuma se verificó de manera irregular, porque antes de la distribución «faltaba la tercia parte de ello, que lo tomaban y escondían, así por la parte de Cortés como de los capitanes y otros que no se sabía, y se iba menoscabando». Luego de esos «moches» iniciales, cuando llegó la hora de repartir el botín, «Cortés separó el quinto real y se dio otro quinto a sí mismo, y los soldados recibieron unas cuantas que no valían más de cien pesos».[2]

Durante la Colonia, en un informe de 1628, se afirma que el virrey marqués de Gelves, Diego Carrillo de Mendoza, había sido despojado de su cargo por procurar poner orden y evitar que se evadieran de la mina de Zacatecas 170 000 pesos en perjuicio de la Hacienda Real. Este proceder lo enemistó con el arzobispo Juan Pérez de la Serna y con el presidente del Tribunal de la Audiencia de México, a quienes, además, se les acusaba de monopolizar la producción de maíz y trigo. El enfrentamiento escaló porque el virrey mandó aprehender al obispo, los seguidores del jerarca eclesiástico se sublevaron y el zafarrancho terminó con un saldo de 70 muertos, el incendio de Palacio Nacional, la excomunión y «expulsión» del virrey; por su parte, el arzobispo resultó exonerado y triunfante.[3]

El gran escritor mexicano Fernando Benítez hace referencia a un fraude cometido por el virrey José de Iturrigaray, quien en la cabecera de su cama guardaba celosamente 7 383 onzas de oro y, en un baúl, otras monedas y joyas, además de cuatro escrituras a nombre de sus hijos por 100 000 pesos cada una, compuestas de capitales a crédito con cargo al Tribunal de Minería, más otra escritura de 12 000 pesos y talegas de dinero que sumaban 36 110 pesos, producto de cohechos y desfalcos. Este tesoro, que solo incluía lo oculto en sus aposentos, fue descubierto cuando cayó como virrey, casi al iniciar el siglo XIX.[4]

Después de la Independencia, la honestidad fue escasa en los asuntos públicos del país; está documentado que imperó durante el periodo de la República restaurada, de 1867 a 1876, en los gobiernos de Benito Juárez y Sebastián Lerdo de Tejada, periodo marcado por la abnegación de los liberales que lucharon en la guerra de Reforma y la Intervención francesa. Estos personajes surcían sus propios uniformes y eran incapaces de entregar malas cuentas. El héroe de los tabasqueños, Gregorio Méndez Magaña, era comerciante y encabezó la lucha contra los franceses, fue gobernador del estado y, cuando murió, sus familiares no tenían ni para su entierro. Vicente Riva Palacio abandonó el Ejército y se retiró a la vida privada, básicamente a escribir; poco después, se entrevistó con el presidente Benito Juárez, y el Benemérito reconoció que la nación le debía «por no haber cobrado sus haberes de coronel y general e incluso haber pagado de su bolsillo a la tropa durante los primeros años de la guerra».[5] La respuesta de Riva Palacio fue: «Señor presidente, a la Patria se le sirve, no se le cobra».

Fue en el Porfiriato (1876-1911) que se instauró la corrupción que predominó hasta el triunfo de nuestro movimiento. Bajo esa dictadura empezaron a realizarse jugosos negocios privados al amparo del poder público. En aquellos tiempos, en los corrillos de las oficinas públicas —las cámaras legislativas y salones de fiestas de la aristocracia— las pláticas versaban sobre ferrocarriles, telégrafos aéreos y submarinos, minas y bancos. Las palabras o los términos económicos más escuchados eran *subvención, bonos, concesiones, intereses, colonización, deuda, compañía, acciones*; se vivía «en la época de los grandes negocios».[6] Tanto es así que, en mayo de 1881, se llevó a cabo uno de estos acuerdos, que podría ser considerado como el precursor de las prácticas del influyentismo y de la corrupción política del reciente periodo neoliberal: el secretario de Hacienda, Francisco de Landero y Cos, vendió a Ramón Guzmán, Sebastián Camacho y Félix Cuevas 36 000 acciones del Ferrocarril Mexicano, que era propiedad del Gobierno y poseía la línea de trenes de la ciudad de México a Veracruz, inaugurada por el presidente Sebastián Lerdo de Tejada y que seguía siendo la única vía férrea en el país. El Congreso aprobó la operación después de que fue realizada en franca violación a la ley, que ordenaba que las transacciones de esa naturaleza debían someterse a subasta pública. No obstante, la mayor irregularidad consistió en que la compraventa se hizo a partir de un fraude en perjuicio del erario, pues el Gobierno aceptó que le pagaran por cada una de las acciones de la empresa 12 libras esterlinas, cuando ese mismo día, en la Bolsa de Londres, estas se cotizaban en 16 libras y la tendencia iba al alza. Seis meses después de la transacción, Ramón Guzmán, uno de los compradores, habría de firmar como testigo en la boda de Carmen Romero Rubio con Porfirio Díaz. El polémico historiador Francisco Bulnes, siempre colaborador del Porfiriato, asegura que en 1908, cuando el Gobierno compró acciones a empresas extranjeras para crear los Ferrocarriles Nacionales de México, Julio Limantour, hermano del secretario de Hacienda, contó con información privilegiada y, con un crédito del Banco Nacional, adquirió anticipadamente en el mercado de Nueva York acciones que circulaban a bajo precio para después venderlas «a precio elevado al Gobierno mexicano, representado por el hermano del fervoroso especulador».[7] Los negocios de este tipo siguieron realizándose a lo largo del Porfiriato —no desaparecieron en la época de los gobiernos posrevolucionarios— y fueron el principal distintivo de los procesos de privatización de bancos y empresas públicas durante el periodo neoliberal o neoporfirista que concluyó recientemente.

A pesar de su profundidad, la Revolución mexicana no pudo arrancar de raíz el mal de la corrupción en México. En 1916 el general Francisco J. Múgica, desde Tabasco, donde gobernaba, le escribió a Salvador Alvarado, gobernador de Yucatán: «moralíceme, señor general», y denunciaba a las «funestas camarillas» que obtenían contratos cultivando la amistad de los hombres del Jefe Carranza. En 1923, en los tiempos de los popularizados cañonazos obregonistas de 50 000 pesos, un revolucionario dijo que de los 28 gobernadores que tenía México, solo dos eran honestos, y razonaba de la siguiente manera: «Lo mejor que puede esperarse, en general, no es un gobernador que no se enriquezca con el puesto, pues casi todos lo hacen, sino uno que mientras roba haga algo por su estado. La mayoría toma todo lo que puede y no deja nada».[8]

Según el historiador John W. F. Dulles —quien así comienza su libro *Ayer en México*—, Obregón solía narrar que cuando perdió un brazo en la batalla de Celaya, enfrentando a las tropas de Francisco Villa, sus hombres buscaban y buscaban la extremidad sin encontrarla, hasta que un amigo íntimo que lo «conocía perfectamente», sacó del bolsillo una reluciente pieza de oro, una moneda denominada *azteca*, y en cuanto la alzó y la mostró a los demás, «todos presenciaron un milagro: el brazo se vino saltando de no sé dónde hasta el lugar en que había levantado el azteca, se extendió y lo cogió cariñosamente entre los dedos. Fue la única manera de hacer que apareciera mi brazo perdido».[9]

La corrupción en México durante la época posrevolucionaria puede resumirse con los testimonios de algunas personalidades de inobjetable integridad. Por ejemplo, en 1943, don Jesús Silva Herzog sostuvo que la política es la profesión más sencilla y más lucrativa de México: «La inmoralidad es de lo más alarmante en la administración pública federal, en los estados y los municipios; la gangrena se ha extendido, no sabemos si de arriba hacia abajo o de abajo hacia arriba. Son muchos los funcionarios gubernamentales que han hecho su fortuna en unos cuantos meses sin perder públicamente su respetabilidad y este es el mayor de los males».[10] Sobre el mismo tema, tres años después, don Daniel Cosío Villegas, en un extraordinario ensayo sobre la crisis de México, afirmó: «Ha sido la deshonestidad de los gobernantes revolucionarios, más que ninguna otra, la causa que tronchó la vida de la Revolución mexicana». En 1953, el expresidente Emilio Portes Gil admitió públicamente que la corrupción administrativa había producido un clima de virtual asfixia y que la política se había degenerado hasta llegar a ser «una industria de las más lucrativas».[11] Silva Herzog dibujó con precisión la ruta de la inmoralidad gubernamental partiendo de «una línea oscilante que permanece más o menos estacionaria hasta 1940; se eleva con lentitud de 1941 a 1946; acelera su ascenso hasta 1952, para iniciar después el descenso a partir de 1953».[12]

Otro caso ilustrativo ocurrió en 1947, cuando el Gobierno de la República llegó al arreglo para pagar las indemnizaciones a la compañía petrolera inglesa El Águila, subsidiaria de la Royal Dutch Shell. En ese entonces se convino en pagarle a la empresa extranjera 81 250 000 dólares más intereses por sus bienes incautados. Este acuerdo fue abiertamente criticado por don Jesús Silva Herzog, quien había participado como representante del Gobierno del general Cárdenas en las negociaciones con la empresa estadounidense Sinclair. Silva Herzog sostuvo que el arreglo con El Águila era oneroso para el país. Específicamente, decía que aceptar pagar los intereses del 18 de marzo de 1938 al 17 de septiembre de 1948 equivalía a reconocer que la culpa de no haber llegado a un arreglo con anterioridad correspondía al Gobierno de

México y no a El Águila, como era la verdad. Y de manera contundente señaló: «El Águila hizo un gran negocio; los negociadores mexicanos en esa ocasión fueron demasiado generosos. Creo que la historia será muy severa con ellos; ella dirá la última palabra».[13]

La negociación entre el representante británico, Vincent Charles Illing, y Antonio J. Bermúdez, director de Pemex, se llevó a cabo durante diez días en la casa particular de este último. El acuerdo era mantener todo en estricto secreto y los resultados solo serían públicos si eran positivos; pero alguien «dentro del mundo petrolero»[14] o del Gobierno mexicano no resistió la tentación de aprovechar la oportunidad para obtener alguna ganancia y filtró a la prensa británica información sobre el tema, lo cual produjo que las acciones de El Águila se fueran al alza en el mercado londinense. Por esta maniobra, se denunció que altos funcionarios del régimen, enterados de la inminencia del arreglo, habían realizado un jugoso negocio al comprar antes, a precios irrisorios, las acciones que luego subieron de valor.

Recordemos, en fin, que en los sexenios posteriores al de Adolfo Ruiz Cortines, los gobernantes contribuyeron con su actuación a prostituir el sentido moral y humano de la política mexicana. Pocos de ellos cumplieron con su deber y la mayoría se alejó de la austeridad republicana. Unos se enfermaron de ostentación y derroche, y otros, de plano, se dedicaron al saqueo del erario para hacerse grandes con la riqueza mal habida. No dejo de recordar, como parte de la picaresca o del cinismo político, que Gonzalo N. Santos, legendario cacique de San Luis Potosí, escribió en sus *Memorias* que «la moral es un árbol que da moras y sirve para una chingada». Por su parte, Carlos Hank González popularizó la frase: «Un político pobre es un pobre político».

Pero, aunque parezca increíble, lo que sucedió en materia de deshonestidad durante el periodo neoliberal entre 1983 y 2018 superó por mucho la corrupción precedente. En esos 36 años, el sistema en su conjunto operó para la corrupción. El poder político y el poder económico se alimentaban y nutrían mutuamente, y se implantó como *modus operandi* el robo de los bienes del pueblo y las riquezas de la nación. La corrupción que padecimos desde hace décadas fue indudablemente mayor que la de cualquier otro tiempo. En la época posrevolucionaria los gobernantes no se atrevían a privatizar las tierras ejidales, los bosques, las playas, los ferrocarriles, las minas o la industria eléctrica y mucho menos tocaron el petróleo; en los aciagos tiempos del neoliberalismo, los gobernantes se dedicaron, como en el Porfiriato, a concesionar el territorio y a transferir empresas y bienes públicos a particulares nacionales y extranjeros. No solo se trató, como antes, de actos delictivos individuales o de una red de complicidades para hacer negocios al amparo del poder público: la corrupción se convirtió en la principal tarea del Estado. Un pequeño grupo confiscó todos los poderes y mantuvo secuestradas las instituciones públicas para su exclusivo beneficio. El Estado fue tomado y convertido en un mero comité al servicio de una minoría. Reflexionaría León Tolstói: «Un Estado que no procura la justicia no es más que una banda de malhechores [...]. Sin justicia, ¿qué es un Estado sino una cuadrilla de bandidos?».[15]

El saqueo de México durante más de tres décadas se llevó a cabo de manera simultánea a la imposición, casi mundial, del llamado «modelo neoliberal», que consiste, en esencia, en fincar la prosperidad de pocos en el sufrimiento de muchos. Obviamente, esta infamia se envolvió con una tenaz e intensa difusión de dogmas, como la supremacía del mercado y la utilización del Estado, solo para proteger y rescatar a las minorías privilegiadas y, desde luego, se proclamó que las privatizaciones eran la panacea. Para los neoliberales, el nacionalismo económico era anacrónico, y la soberanía, un concepto caduco frente a la globalidad; sostenían con algo parecido al fanatismo que se debía cobrar menos impuestos a las corporaciones y más a los consumidores, y que lo económico, en todo momento, debía predominar sobre lo político y lo social. El Estado, a su modo de ver, no tenía que promover el desarrollo ni procurar la distribución del ingreso porque, si le iba bien a los de arriba, le iría bien a los de abajo. Se puso de moda el sofisma según el cual, si llovía fuerte arriba, inevitablemente habría de gotear abajo, como si la riqueza en sí misma fuera permeable o contagiosa.

En México, esta retacería de enunciados sin fundamento técnico ni científico, junto con las llamadas «reformas estructurales», fue aplicada de manera puntual. Este adoctrinamiento fue usado como parapeto para llevar a cabo el pillaje más grande que se haya registrado en la historia del país. La política económica de élite comenzó a impulsarse desde el gobierno de Miguel de la Madrid (1982-1988), y se profundizó durante el sexenio de Carlos Salinas de Gortari (1988-1994). Con este propósito, hubo unas intensas campañas propagandísticas, en la que intelectuales y «líderes de opinión» repetían como loros falsedades para justificar el bandidaje oficial y el predominio de los intereses económicos de una minoría por encima del bienestar público. En ese tiempo, se ajustó el marco jurídico para legalizar el saqueo, que fue encubierto con un eufemismo: «desincorporación de entidades paraestatales no estratégicas ni prioritarias para el desarrollo nacional». Aunque se llevaron a cabo procesos de licitación y rendición de cuentas («libros blancos»), en todos los casos se sabía de antemano quiénes serían los ganadores en las subastas. Es cosa de recordar que Carlos Salinas, su hermano Raúl y el secretario de Hacienda, Pedro Aspe, eran los encargados de aprobar, acomodar y alinear a todos los apuntados que participaron en el reparto de empresas y bancos, que hasta entonces pertenecían a la nación. Así, en 13 meses, del 14 de junio de 1991 al 13 de julio de 1992, con un promedio de 20 días hábiles por banco, fueron rematadas 18 instituciones de crédito. En solo cinco años, del 31 de diciembre de 1988 al 31 de diciembre de 1993, se enajenaron 251 empresas del sector público, entre ellas Telmex, Mexicana de Aviación, Televisión Azteca, Siderúrgica Lázaro Cárdenas, Altos Hornos de México, Astilleros Unidos de Veracruz y Fertilizantes Mexicanos, además de aseguradoras, ingenios azucareros; minas de oro, plata y cobre; fábricas de tractores, de automóviles y motores, de cemento, de tubería, de maquinaria, entre otras. Pero la entrega de bienes públicos a unos cuantos favoritos no se limitó a bancos y empresas paraestatales, también fueron privatizadas tierras, ejidos, autopistas, puertos, aeropuertos; y se incrementó el manejo de negocios de particulares nacionales y extranjeros en Petróleos Mexicanos (Pemex) y en la Comisión Federal de Electricidad (CFE).

Entre otras calamidades, este bandidaje oficial produjo una monstruosa desigualdad económica y social. Es cierto que México es una de las naciones con más contrastes del mundo: se pasa de la opulencia a la pobreza extrema en un abrir y cerrar de ojos. Lo peor es que este mal ha sido endémico: cuando visitó estas tierras el barón de Humboldt en 1804, sostuvo que era «el país de la desigualdad. Acaso en ninguna parte la hay más espantosa en la distribución de fortunas, civilización, cultivo de la tierra y población».[16] En efecto, mientras el arzobispo de México percibía una renta anual de 130 000 pesos o el de Valladolid, hoy Morelia, una de 100 000 pesos, los sacerdotes como José María Morelos percibían un salario de 100 pesos al mes.[17] Pero, aunque parezca increíble, en tiempos del neoliberalismo la desigualdad se volvió aún más extrema y prepotente. Una investigación de Gerardo Esquivel, graduado en Economía en Harvard, el 10% de los mexicanos concentraba el 64.4% del ingreso nacional, y el 1% acaparaba el 21% de la riqueza del país. No obstante, lo más significativo es que la desigualdad en México se profundizó precisamente durante el periodo neoliberal o neoporfirista; es decir, se agravó y se hizo más patente con las privatizaciones. Un dato: en julio de 1988, cuando Salinas fue impuesto mediante un fraude electoral, en la lista de la revista *Forbes* —en la cual figuran las personas más ricas del mundo—, solo aparecía una familia mexicana, la de los Garza Sada, con 2 000 millones de dólares; pero al finalizar aquel sexenio ya estaban incorporados a ese listado otros 24 mexicanos, que poseían en conjunto más de 44 000 millones de dólares. Casi todos ellos habían sido beneficiados con empresas, minas y bancos que habían sido propiedad de los mexicanos. Luego de estar colocado en 1988 en el lugar 26 entre los países del mundo con más multimillonarios, en 1994 México escaló el cuarto sitio, solo por debajo de Estados Unidos, Japón y Alemania.

El dato más contundente sobre el crecimiento de la desigualdad en el periodo neoliberal o neoporfirista lo aportan los propios organismos financieros internacionales que promovieron dicho modelo; es pertinente, por ello, reproducir la gráfica con cifras del Banco Mundial y de la Organización para la Cooperación y el Desarrollo Económico (OCDE) que Esquivel presentó en su estudio.

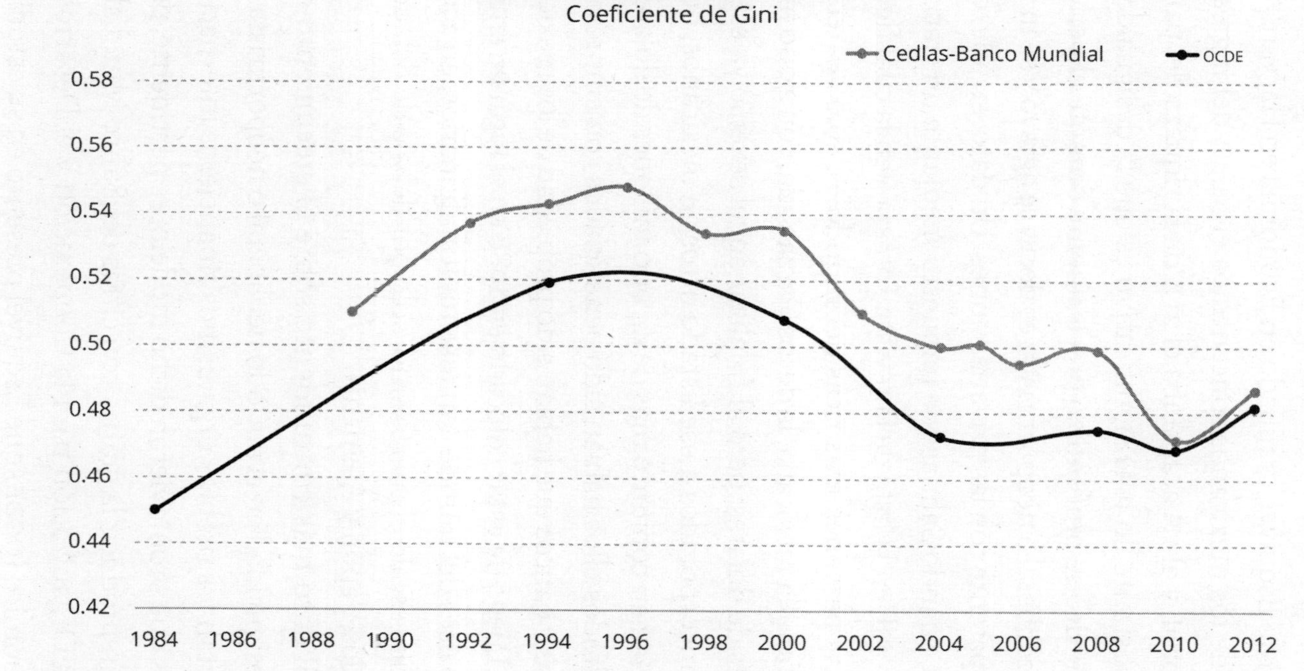
Índice de la desigualdad en México
Coeficiente de Gini
Cedlas-Banco Mundial
OCDE
0.58
0.56
0.54
0.52
0.50
0.48
0.46
0.44
0.42
1984
1986
1988
1990
1992
1994
1996
1998
2000
2002
2004
2006
2008
2010
2012
Fuente: Organización para la Cooperación y el Desarrollo Económicos (OCDE)
y Centro de Estudios Distributivos, Laborales y Sociales Cedlas-Banco Mundial

Como puede observarse, la desigualdad ahora es mayor que la que existía a principios de 1982, y acaso superior a la de épocas anteriores, pero no se cuenta con registros precisos. Sin embargo, aunque Esquivel no lo subraya, en la gráfica se aprecia con mucha claridad la forma en que se dispara la desigualdad en el sexenio de Salinas, cuando el traslado de bienes públicos a sus socios del llamado «grupo compacto» fue más intenso y descarado. Con Salinas, el desequilibrio entre ricos y pobres se profundizó como nunca, por ello lo he bautizado como el Padre de la Desigualdad Moderna.

Debe tenerse en cuenta que la política salinista se siguió aplicando durante los gobiernos de Zedillo, Fox, Calderón y Peña Nieto, y que el grupo «compacto» original creado por Salinas y que se benefició con el remate de bienes públicos durante su gobierno no solo continuó acumulando riquezas, sino que también fue concentrando poder político hasta llegar a situarse por encima de las instituciones constitucionales. En los hechos, los integrantes de este grupo eran quienes verdaderamente mandaban y decidían sobre cuestiones fundamentales en la Cámara de Diputados y en el Senado, en la Suprema Corte de Justicia de la Nación, en el Instituto Federal Electoral, en el Tribunal Electoral del Poder Judicial de la Federación, en la Procuraduría General de la República, en la Secretaría de Hacienda y Crédito Público (SHCP) y en el Gobierno en su conjunto, así como en los partidos Acción Nacional y el

Revolucionario Institucional, en la mayoría de agrupaciones de la llamada «sociedad civil» y en las organizaciones supuestamente no gubernamentales; además, ejercieron una influencia determinante, si no es que el control parcial o total, en la mayoría de los medios de comunicación.

Claro está que se buscó justificar la operación de despojo con la consabida retórica de promover la inversión local y foránea para reactivar la economía, crear empleos y procurar el bienestar de los mexicanos. La misma mentira del progreso utilizada durante el Porfiriato para entregar a particulares nacionales y, sobre todo, a extranjeros, las tierras, las aguas, los bosques, las riquezas mineras y el petróleo a costa del sometimiento, la pobreza, la cancelación de las libertades, los derechos políticos y la soberanía. En otras palabras, aun cuando este modelo económico se ha venido implementando en otros países con los mismos resultados desastrosos, para nosotros, el llamado «neoliberalismo» no fue más que neoporfirismo. Por eso indigna que los promotores de este retroceso, con la desfachatez que los caracteriza, sostengan hasta la fecha que se trataba de «lo nuevo» o de «la modernidad», cuando en realidad se trató de un retroceso hacia una de las épocas más siniestras de la historia de México, en la que se decía: «Mientras haya mundo, tendremos un número muy reducido de afortunados, en contraposición con la inmensa mayoría, que luchará en vano por alcanzar los favores de la fortuna».[18] Toda su estrategia consistió, en realidad, en regresarnos al pasado para quitarnos el futuro y hasta el derecho a la esperanza. En el finalizado periodo neoliberal se afectó la movilidad social, se quiso evitar que los de abajo pudieran ascender mediante el estudio o el trabajo, a mejores niveles de bienestar y se condenó a morir pobre al que nació pobre.

En fin, es inocultable que el modelo económico neoliberal o, mejor dicho, la política de pillaje, resultó un rotundo fracaso, porque produjo la infelicidad del pueblo y la ruina del país. En vez de avanzar en lo económico, lo social, lo moral y lo político, se retrocedió. Y no habría podido ser de otra forma: el supuesto nuevo paradigma, como le llamaban, fue diseñado con el único propósito de favorecer a una pequeña minoría de políticos corruptos y delincuentes de cuello blanco que se hacían pasar por hombres de negocios. No hubo políticas públicas pensadas para promover el desarrollo o procurar la justicia, no se trató de atender demandas sociales con fines humanitarios ni evitar conflictos y violencia, ni hubo el menor interés en gobernar con rectitud y honestidad. El régimen neoliberal se ocupó básicamente de dirigir toda la acción del Gobierno hacia operaciones de traslado de bienes del pueblo y de la nación a particulares, con el engaño de que ello nos traería prosperidad. En suma, el modelo neoliberal, implementado durante más de tres décadas en México, fue una gran estafa en perjuicio del pueblo y de la nación.

Capítulo 2

EL FRACASO DEL MODELO ECONÓMICO NEOLIBERAL

Los hechos demuestran el rotundo fracaso que representó para el país la aplicación durante 36 años del modelo neoliberal o neoporfirista en beneficio de una pequeña minoría, y la ausencia de buenos resultados puede medirse incluso en términos cuantitativos: hubo años en los que México quedó por debajo de Haití en materia de crecimiento, y no se puede argumentar que siempre había sido de esa manera. Recuérdese que luego de la etapa violenta de la Revolución, desde los años 30 hasta los 70 del siglo pasado, es decir, durante 40 años, la economía de México creció a una tasa promedio anual del 5%, y durante ese mismo periodo, en dos sexenios consecutivos, de 1958 a 1970, cuando Antonio Ortiz Mena fue ministro de Hacienda, la economía del país no solo creció al 6% anual, sino que este avance se obtuvo sin inflación y sin incremento de la deuda pública. Por cierto, Ortiz Mena no era economista, sino abogado. Posteriormente hubo dos gobiernos, de 1970 a 1982, en los que la economía también creció a una tasa del 6% anual, pero con graves desequilibrios macroeconómicos, alta inflación y endeudamiento.

En cuanto a la política económica aplicada durante el periodo neoliberal, de 1983 a 2018, cabe afirmar que ha sido la más ineficiente en la historia moderna de México. En este lapso la economía creció en 2% anual, y tanto por ello como por la tremenda concentración del ingreso en pocas manos, se ha empobrecido a la mayoría de la población hasta llevarla a buscarse la vida en la informalidad, a emigrar masivamente del territorio nacional o a tomar el camino de las conductas antisociales.

Por más que los gobernantes neoliberales definieran el impulso al crecimiento económico como máxima prioridad, lo alcanzado en esta materia ha sido insuficiente para satisfacer los requerimientos mínimos de la población. Además, el país ha crecido de manera desigual, tanto por regiones como por sectores sociales. Si bien las entidades del norte exhiben tasas de crecimiento moderadas, pero aceptables, las del sur han padecido un decrecimiento en términos reales. Por otra parte, las grandes corporaciones, sus propietarios y un pequeño sector de acaudalados han visto multiplicados sus capitales y sus fortunas personales, mientras decenas de millones han sido lanzados a la pobreza e incluso a la miseria. Los gobernantes del ciclo neoliberal justificaban la concentración de riqueza generada por sus administraciones afirmando que la prosperidad producida en la cúspide de la pirámide social iría permeando hacia abajo con el tiempo y acabaría beneficiando a toda la población. Se trataba de una falacia: un pequeño grupo de personas físicas y morales monopolizaron el exiguo crecimiento económico, y la prosperidad nunca llegó a las mayorías. Por el contrario, la riqueza fluyó de abajo hacia arriba y de esa manera los pobres acabaron siendo más pobres y muchos de los ricos multiplicaron la riqueza que tenían al inicio del periodo.

Considérese, por ejemplo, lo que ocurrió en el sexenio de Ernesto Zedillo con el atraco llamado Fondo Bancario de Protección al Ahorro (Fobaproa): tras el llamado «error de diciembre», ese mecanismo fue utilizado para encubrir los desvíos y fraudes cometidos por banqueros, financieros, empresarios de otros ramos y unos cuantos logreros de ocasión, así como para transferir a toda la población la deuda resultante, que en 1997 —y según el valor del peso en ese entonces—, sumaba 552 000 millones de pesos. No pocos de los defraudadores iniciales hicieron jugosos negocios al comprar a precios ridículamente bajos los bienes adquiridos por el Estado. Así, un pequeño grupo de integrantes de la oligarquía político-empresarial multiplicó sus fortunas, y hoy la gran mayoría de los mexicanos sigue cubriendo, año con año, una deuda que no deja de crecer: desde aquel impresentable rescate, el país ha pagado cerca de 700 000 millones de pesos y aún adeuda más de 900 000 millones. En contraste, los bancos saneados con dinero público, y luego vendidos a corporativos financieros del extranjero, han conseguido utilidades de decenas de miles de millones de dólares, muy por encima de las que suelen obtener en sus países de origen. Buena parte de ese dinero ha sido enviado a las matrices estadounidenses y europeas para mejorar sustancialmente los márgenes de ganancia a nivel global de los consorcios correspondientes. Tal es la perversa lógica privatizadora que se aplicó no solo en entidades bancarias, sino también en aerolíneas, carreteras y otros rubros: vender por debajo de su valor real los bienes públicos y, en caso de mala administración por parte de sus nuevos propietarios, recomprarlos a precios inflados, sanearlos con fondos públicos y volver a venderlos a precios de remate a un pequeño círculo de privilegiados. En muchas de esas operaciones, los beneficiarios ni siquiera arriesgaban su propio capital, pues realizaban las adquisiciones con créditos otorgados, en parte, por bancos de fomento de propiedad estatal.

Por si esas prácticas privatizadoras no hubieran sido lo suficientemente inmorales, ruinosas e injustas, los gobiernos neoliberales aplicaban, además, medidas fiscales inequívocamente orientadas a beneficiar a unos cuantos causantes por medio de exenciones fiscales, créditos y deducciones injustificadas. Mientras, el grueso de la recaudación recaía en las clases medias, en las pequeñas y medianas empresas y en el pueblo en general. Adicionalmente, el desempeño económico acabó por resentir el peso de la corrupción y la extorsión institucionalizadas, el estancamiento del mercado interno y la creciente inseguridad.

Lo digo con realismo y sin prejuicios ideológicos: la política económica neoliberal fue desastrosa para la vida pública del país. Por ejemplo, la reforma energética que supuestamente nos dijeron que vendría a salvarnos solo significó la caída en la producción de petróleo y el aumento desmedido en los precios de las gasolinas, el diésel, el gas y la electricidad. Cuando se aprobó la reforma energética en 2013, se afirmó que se conseguiría inversión extranjera a raudales, como nunca. El resultado es que apenas llegaron 1 428 millones de dólares de capital foráneo, el cual representó el 3% de la incipiente inversión pública realizada por Pemex en el mismo periodo, y únicamente el 0.9% de la inversión prometida.

En los considerandos de las leyes aprobadas en ese entonces, se aseguraba que en 2019 se estarían produciendo 3 000 000 de barriles diarios de petróleo, y la realidad es que en enero del mismo año solo se extrajeron 1 626 000 barriles por día. Es decir, 41% menos de lo estimado y con tendencia a la baja. Desde la aprobación de la reforma energética hasta el día de hoy, del total de las compañías particulares, nacionales y extranjeras, que obtuvieron 110 contratos para la extracción de hidrocarburos, solo una empresa de origen italiano está produciendo.

Es tan grave el daño causado al sector energético nacional durante el neoliberalismo que no solo somos el

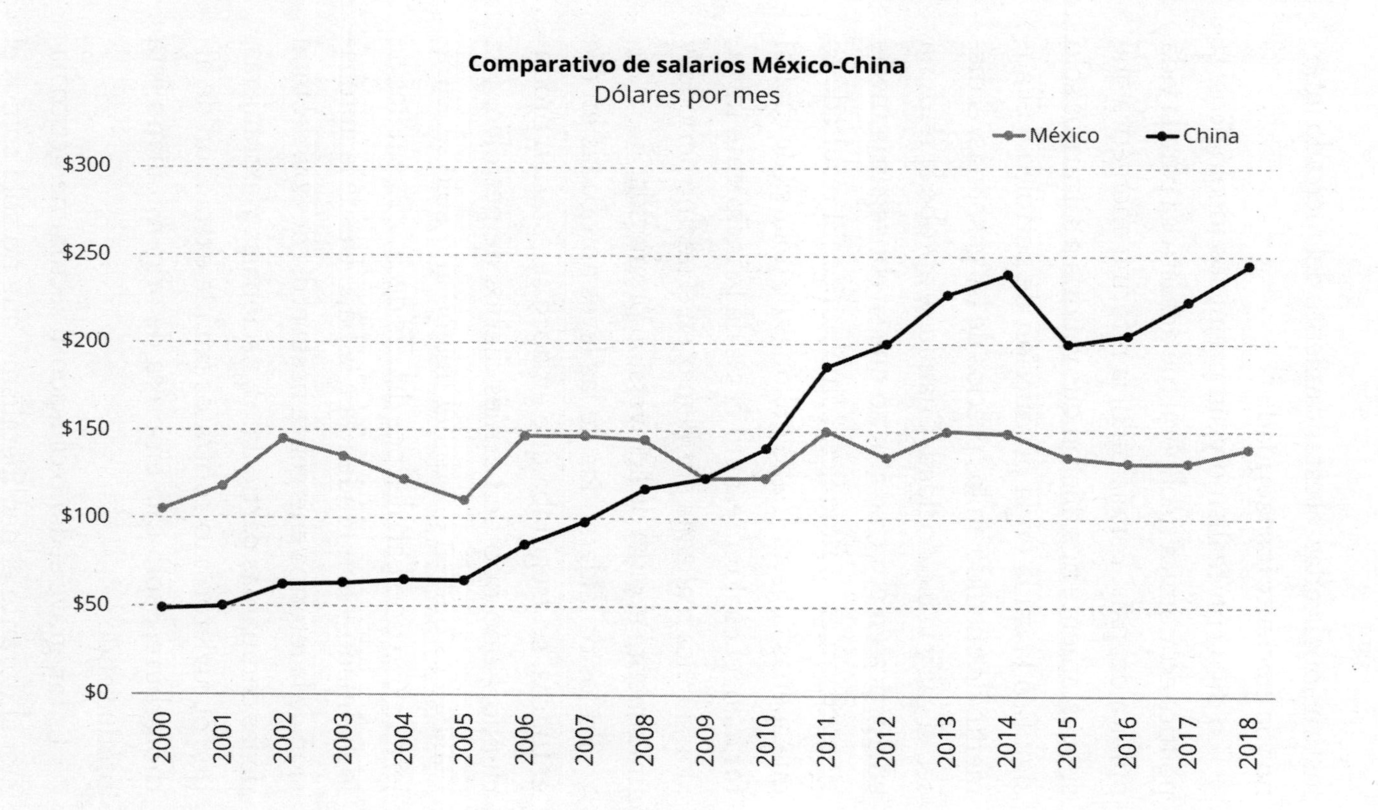
Comparativo de salarios México-China
Dólares por mes
México
China
$300
$250
$200
$150
$100
$50
$0
2000
2001
2002
2003
2004
2005
2006
2007
2008
2009
2010
2011
2012
2013
2014
2015
2016
2017
2018

país petrolero que más gasolinas importa en el mundo, sino que, cuando llegamos al Gobierno, se estaba comprando petróleo crudo para abastecer a las únicas seis refinerías que a duras penas sobrevivieron. Téngase en cuenta, además, que desde hace 40 años no se construye una nueva refinería en el país. Antes del neoliberalismo, producíamos y éramos autosuficientes en gasolinas, diésel, gas y energía eléctrica. Ahora, compramos más de la mitad de lo que consumimos de estos insumos.

En este periodo, el poder adquisitivo del salario mínimo se deterioró en 70%, y por ello, el ingreso de los trabajadores mexicanos es actualmente uno de los más bajos del planeta. Los salarios mínimos son inhumanos y anticonstitucionales. Atrás quedó aquello de que, a diferencia de México, China tenía como ventaja comparativa los bajos costos de su mano de obra: ahora ganan más los trabajadores de esa nación asiática que nuestros connacionales.

Como es sabido, con el pretexto de contener la inflación, la política neoliberal se propuso limitar los aumentos en los salarios y, durante años, los mantuvo por debajo de los incrementos de los precios, lo cual provocó el empobrecimiento y la pérdida del poder adquisitivo de los trabajadores. El más reciente reporte del Centro de Análisis Multidisciplinario (CAM) de la Facultad de Economía de la UNAM afirma que hace 36 años un salario mínimo alcanzaba para comprar 51 kilos de tortilla o 280 piezas de pan blanco o 12 kilos de frijol bayo, y que ahora solo alcanza para adquirir seis kilos de tortilla o 44 piezas de pan blanco o tres kilos de frijol. De acuerdo con los estudios del CAM, la pérdida del poder adquisitivo del salario en este periodo llega al 88.71%. Esa es la proporción del empobrecimiento del pueblo.

Aquí agrego otros saldos de la política económica neoliberal o neoporfirista. De México es originario el maíz, esa planta bendita y base principal de nuestra alimentación que se cultiva desde épocas inmemoriales y se reproduce tanto en la sierra como en los valles, en la costa como en los altiplanos, en regiones de frío o de calor. Sin embargo, somos la nación que más maíz amarillo importa en el mundo.

El fracaso de esta política antipopular se advierte por todas partes y en las variadas y lamentables carencias de la gente. La decisión de poner al Estado solamente a procurar la prosperidad de unos pocos, con el eufemismo de «alentar el mercado», empobreció como nunca a los mexicanos, profundizó la desigualdad y produjo la actual descomposición social.

Hoy en día, más de la mitad de la población económicamente activa permanece en el sector informal, la mayor parte con ingresos por debajo de la línea de pobreza y sin prestaciones laborales.[19] Esa situación resulta inaceptable desde cualquier perspectiva ética, y perniciosa para cualquier economía: para los propios informales, que viven en un entorno que les niega derechos básicos; para los productores, que no pueden colocar sus productos por falta de consumidores; y para el fisco, que no puede considerarlos causantes.

La pobreza en México se encuentra por todos lados. Está presente en los estados del norte, donde antes solía ser menos evidente. Es notoria en las colonias populares de grandes concentraciones urbanas y de las ciudades fronterizas; en el campo de Zacatecas, Nayarit y Durango; predomina en el centro, en el sur y en el sureste, sobre todo en comunidades indígenas. En todas las regiones de México, el neoliberalismo privó a millones de ciudadanos del derecho al trabajo y los obligó a emigrar y a abandonar a sus familias, sus costumbres y sus tradiciones. La producción de autoconsumo, los programas de apoyo gubernamental y la ayuda que reciben quienes tienen familiares en el extranjero solo alcanzaban para sobrevivir. No había para comer bien, para transporte, para atención médica, para gas o electricidad y, mucho menos, para la diversión y la cultura.

Los programas sociales de los gobiernos de Salinas, Zedillo, Fox, Calderón y Peña Nieto —léase la secuencia Solidaridad, Progresa, Oportunidades y Prospera— han sido meros paliativos para la pobreza, cuando no mecanismos perversos de control y manipulación con fines electorales.

Según el Banco Mundial, unos 52 400 000 mexicanos son pobres, de los cuales, 29 300 000 se encuentran en extrema pobreza, es decir, su ingreso no alcanza ni para cubrir sus necesidades alimentarias. Hasta los datos del Consejo Nacional de Evaluación de la Política de Desarrollo Social (Coneval) —institución creada durante el neoliberalismo para medir las carencias—, confirman que México se ha convertido en uno de los países con mayor porcentaje de pobreza en el continente, y el tercero o cuarto en desigualdad en la Tierra.[20] Duele decirlo: los más pobres, entre los olvidados y oprimidos, son los cerca de 10 000 000 de integrantes de los distintos grupos indígenas de México.[21]

En realidad, el Estado no solo dejó de impulsar el crecimiento económico y la creación de empleos, sino que incumplió con su responsabilidad social de garantizar el bienestar de los mexicanos. Durante todo el periodo neoliberal no hubo programas de desarrollo, sino reparto de despensas o migajas. También dejaron de construirse obras y servicios públicos: agua potable, introducción de drenaje, caminos rurales, vivienda popular, espacios deportivos, centros de salud, hospitales, escuelas y universidades. Si bien el 3 de febrero de 1983 se estableció en la Constitución el derecho a la salud, han pasado más de tres décadas y todavía la mitad de la población no tiene acceso a la seguridad social. Resulta paradójico que en el momento en que ese derecho fue elevado a rango constitucional, los recursos públicos dedicados a este rubro disminuyeron en términos reales en vez de aumentar; es decir, lo que se consiguió en la ley se eliminó en el presupuesto. Una de las manifestaciones más dolorosas del abandono y de la desigualdad social es, precisamente, la falta de equidad en el acceso a los servicios de salud. En las zonas rurales de estados como Chiapas, Guerrero o Oaxaca la mortalidad entre niños pequeños llega a ser hasta cuatro veces mayor que en Nuevo León o en la Ciudad de México. En el propio sector público de salud se dan casos como este: en una unidad médica rural o en un centro de salud, una persona tiene derecho a un «cuadro básico» de 125 claves (medicinas); en un hospital ubicado en un municipio mediano puede disponerse de 300 claves; en una clínica de derechohabientes del IMSS o del ISSSTE, de 700 claves; mientras en los centros especializados de las grandes ciudades se cuenta con 1 200 claves; es decir, hasta en la formalidad, en la norma, existe la discriminación.

En el ámbito nacional, casi 4 000 000 de personas habitan en casas con pisos de tierra, 8 000 000 ocupan construcciones que carecen de drenaje y de servicios sanitarios y casi 9 000 000 no tienen acceso al agua potable.[22] Solo en el medio rural, 3 500 000 personas viven en condiciones de hacinamiento y suman 9 600 000 en el ámbito nacional.[23] En el medio rural hay condiciones de hacinamiento en casi la mitad de las viviendas. Lo peor de todo es que hay hambre y desnutrición: 25 500 000 mexicanos padecen inseguridad alimentaria de moderada a severa. Las entidades con los niveles más graves son Oaxaca, Veracruz, Campeche, Puebla e Hidalgo. En Guerrero y Tabasco la situación es extrema.

En cuanto a la educación, el rezago es impresionante: la población de 15 años o más sin educación básica alcanza 31% (28.7 millones de personas) y el analfabetismo es de 4%, pero en estados con mayor grado de marginación como Oaxaca, Guerrero y Chiapas, llega a ser hasta de 13.1%. La llamada «reforma educativa» impuesta en el sexenio de Enrique Peña Nieto nunca se orientó a resolver el grave problema de la falta de oportunidades para estudiar ni el de la baja calidad de la enseñanza. Simplemente buscó reducir a los maestros a la indefensión laboral y transferir a los padres el costo de la educación. Empezó por el mantenimiento de los planteles escolares, creando así las condiciones para que el Gobierno incumpliera y desatendiera su obligación de garantizar educación pública y gratuita para todos y se ensanchara así el margen de la enseñanza como negocio privado.

No es cierto, como lo pregonaron los voceros del régimen anterior, que la educación pública preocupara a los políticos corruptos y a los traficantes de influencias porque, en los hechos, no hicieron nada para enfrentar el fondo del problema: el hambre y la pobreza. Tampoco les importó mejorar la infraestructura educativa. Según datos recientes, 48% de las escuelas públicas no tiene drenaje; 31% no cuenta con agua potable; 12.8% no tiene sanitarios y 11.2% carece de electricidad.

En realidad, la «reforma educativa» trató de someter a los maestros, con el pretexto de las evaluaciones, a fin de avanzar en la privatización de la educación. Es falso, además, que los maestros se opusieran a ser examinados con fines pedagógicos, como se ha repetido muchas veces de manera tendenciosa; su rechazo, como lo expresaron en innumerables ocasiones, era a presentar exámenes previa renuncia a la plaza de base y a la antigüedad que habían acumulado para quedar a expensas de decisiones discrecionales y de la arbitrariedad.

Si bien es cierto que el problema fundamental de la educación básica en México no es la cobertura, sino el bajo nivel de aprendizaje y la deserción escolar —fenómenos inducidos por la pobreza y el hambre—, en educación media superior y superior hay un enorme déficit de pupitres, aulas, planteles y universidades. Es en esos niveles en donde puede observarse más claramente el carácter excluyente del modelo neoliberal. En el periodo de 1992 a 2018, la matrícula de estudiantes de nivel medio superior creció anualmente en promedio 4% y el 36.4% de la población de 15 a 17 años de edad quedó excluido de la educación. Además, es en este nivel de escolaridad en el que existe mayor deserción escolar: de cada diez alumnos que ingresan, solo terminan seis, lo cual es gravísimo si tomamos en cuenta que se trata de adolescentes con más riesgos de tomar el camino de las conductas antisociales y delictivas.

Igualmente devastador fue lo sucedido en el nivel superior. En 26 años, solo tres de cada diez jóvenes entre los 18 y los 23 años tuvieron acceso a ese nivel de enseñanza, lo que equivale a 29.4%. La Unesco ha establecido como parámetro de referencia para este nivel entre 40 y 50%. Es decir, no estamos educando a los jóvenes que suman nuestro último bono demográfico. Esto significa que estamos obligados a duplicar la oferta educativa en el curso de los próximos años si no queremos que el país se siga hundiendo en el atraso, la ignorancia, la violencia y la falta de equidad.

Es indispensable, pues, cambiar la política en esta materia y hacer efectivo el derecho a la educación: no permitir la exclusión de nadie y garantizar el 100% de cobertura. Se debe eliminar el pretexto de los exámenes de admisión; el Estado debe garantizar el derecho a la educación pública, gratuita y de calidad en todos los niveles.

En contraparte, los últimos 26 años, como consecuencia del abandono de la educación superior por parte del Estado, la matrícula de escuelas privadas pasó de 21.1 a 29.7% del alumnado total. Es preciso dejar claro que no estamos en contra de la educación privada, sino de la descalificación y el abandono de la educación pública por parte del Gobierno. El mercado puede atender a quienes tienen dinero para pagar una universidad privada, pero el Estado está obligado a garantizar el derecho de todos a la educación.

Si la política educativa siguiera el mismo derrotero de los últimos años —de poner la educación en manos del mercado—, continuaría creciendo el número de rechazados y excluidos porque el problema principal no es el contenido ni la calidad de la educación, sino la imposibilidad económica de acceder a ella. Consideremos que, en sus niveles más bajos, las colegiaturas oscilan entre 3 000 y 5 000 pesos al mes, y que 38.4% de la población económicamente activa recibe ingresos menores que 4 206 pesos mensuales.[24]

Uno de los saldos más nefastos de la política educativa privatizadora y del rechazo a los jóvenes —con la excusa de que no pasaban el examen de admisión— lo constituye el hecho irrefutable de que en nuestro país tenemos menos médicos generales y especialistas que los requeridos. Hoy existe un déficit de 123 000 médicos generales, 72 000 médicos especialistas y de más de 250 000 enfermeros. Solo en los 80 hospitales rurales del IMSS Bienestar, que ya visité, y que cubren una población de 12 000 000 de mexicanos sin seguridad social, faltan 262 pediatras, 160 cirujanos, 139 anestesiólogos y 394 médicos internistas.

Es evidente que, detrás de esta desatención por parte del Estado a la educación pública en los niveles medio superior y superior, había una concepción y una estrategia perversa. El propósito deliberado era que la educación dejara de ser un factor de movilidad social y se convirtiera en un simple instrumento para sostener y legitimar un proyecto basado en el afán de lucro y la desigualdad. En otras palabras, la educación fue convirtiéndose en un privilegio, y a ello se debe, en mucho, la actual descomposición social, en particular, el abandono de los jóvenes y la ausencia de programas dirigidos al bienestar de los adolescentes.

La educación, en su estrategia, es perniciosa para los mexicanos: mientras más ignorantes, más manipulables; además, tampoco debemos pasar por alto que la política económica neoliberal —en particular, el abandono de las actividades productivas y del campo, la falta de empleos y la desatención a los jóvenes— desató la inseguridad y la violencia que han cobrado miles de muertes en nuestro país. Duele admitirlo, pero en criminalidad estamos en los primeros lugares mundiales. En la revista *Mundo Ejecutivo*, Alejandro Desfassiaux sostiene que «el Inegi y el Registro Nacional de Datos de Personas Extraviadas o Desaparecidas (RNPED) reportaron de 2006 a 2015 casi un millón de víctimas de la violencia en México, porque alguien de su familia se cuenta entre los más de 175 000 homicidios o de los 26 798 casos de desaparecidos», y que «la violencia y la delincuencia no solo afectan a una persona, sino también a quienes están a su alrededor».[25] Lo más dramático e inhumano es que decenas de miles de cuerpos no identificados permanecen en lugares improvisados y establecimientos forenses de todos los estados de la República. Estamos atendiendo esta situación con un programa especial que, por razones obvias, consideramos prioritario.

Es evidente, pues, que la privatización no es la panacea ni el camino hacia el crecimiento, el empleo y el bienestar. Si así fuera, los resultados ya se estarían constatando. A estas alturas, es pertinente preguntar puntualmente a los defensores de esa política: ¿en qué se beneficiaron los mexicanos con la privatización del sistema de telecomunicaciones? ¿Es pura casualidad que, por calidad y precio de la telefonía e internet, México se encuentre alrededor de la posición número 70 en el mundo, muy por debajo de los otros miembros de la OCDE? ¿Acaso no es cierto que solo el 25% del territorio del país cuenta con red de comunicación para telefonía móvil e internet? ¿Qué beneficios ha obtenido el país con la entrega de contratos a particulares para la extracción de petróleo, la distribución de gasolinas, diésel o para la generación de energía eléctrica si, como hemos visto, estamos importando estos energéticos y el consumidor tiene que pagarlos a precios más elevados que en Estados Unidos u otros países del mundo? ¿En qué se avanzó con la privatización de Ferrocarriles Nacionales en 1995, si en estos 24 años las empresas particulares nacionales y extranjeras no construyeron nuevas líneas férreas, eliminaron los trenes de pasajeros y cobran lo que quieren por el transporte de carga? ¿Cuál ha sido el beneficio para los mexicanos de la entrega de concesiones por 97 000 000 de hectáreas, el 40% del territorio nacional (México tiene en total 195 000 000 de hectáreas) para la explotación de oro, plata y cobre? Los trabajadores mineros mexicanos ganan, en promedio, cinco veces menos que los mineros de Estados Unidos y Canadá. Las empresas de este ramo han extraído en solo cinco años el equivalente a toda la plata y el oro que el imperio español extrajo en 300 años, con la diferencia de que, durante la Colonia, mal que bien, se construyeron bellos edificios y templos que hasta hoy se aprecian en los centros históricos de las ciudades mineras y de la capital del país, en tanto que las empresas de ahora no dejan casi nada: ninguna obra ni beneficio social, sino la destrucción y la contaminación impune de nuestro territorio. El colmo es que hasta hace poco no pagaban impuestos por la extracción del mineral. En pocas palabras, en las últimas tres décadas, hemos padecido del mayor saqueo de los recursos naturales en la historia de México.

Por todo ello era ilógico suponer que los mexicanos podríamos superar la decadencia con una política económica neoporfirista. Por el contrario, si no se hubiera llevado a cabo un cambio de fondo, México se habría seguido hundiendo y estaría casi alcanzando la ingobernabilidad. La política económica de élite es una copia fiel de la que se aplicó en el Porfiriato, pero ya desde entonces quedó demostrado que un modelo no puede funcionar si la prosperidad de unos pocos se sustenta en el sometimiento de muchos. Aquel fallido experimento desembocó en una revolución armada (a quienes todavía sostienen que el de Porfirio Díaz fue un buen gobierno, bastaría con recordarles que, si eso fuera cierto, no se hubiera producido una rebelión nacional). En la actualidad, estamos llevando a cabo un cambio de régimen tal como se hizo cuando se derrocó a Porfirio Díaz, pero sin violencia: por medio de una revolución de las conciencias y desterrando la corrupción y la impunidad que estaban destruyendo a México. Ahora, en vez de la agenda neoliberal o neoporfirista, que consiste en la apropiación por unos cuantos de los bienes de las mayorías, estamos sentando las bases para elevar la honestidad a rango supremo y convertirla en forma de vida y de gobierno; es decir, moralizar para potenciar la gran riqueza material, social y cultural de México. La propuesta implica también promover la igualdad por la que abogaba Morelos hace dos siglos: «Moderar la indigencia y la opulencia»; procurar que el Estado democrático distribuya con equidad, por todos los medios legales, el ingreso y la riqueza del país, siguiendo el criterio de que no puede haber trato igual entre desiguales y que la justicia consiste, en esencia, en darle más al que tiene menos.

Capítulo 3

LAS NUEVAS POLÍTICAS PARA LA TRANSFORMACIÓN

Cuando tomé posesión del cargo de presidente de México, el 1 de diciembre de 2018, dije en el Congreso de la Unión que, por mandato del pueblo, estábamos iniciando la Cuarta Transformación política de México; que podría parecer pretencioso o exagerado, pero no se trataba de un simple cambio de gobierno, sino de régimen político. Hemos llamado a este mandato popular y social la Cuarta Transformación porque, así como a nuestros antepasados les correspondió construir modelos de sociedad para remplazar el orden colonial —el conservadurismo aliado a la intervención extranjera y el Porfiriato—, a nosotros nos toca construir lo que sigue tras la bancarrota neoliberal, que no es exclusiva de México, aunque en nuestro país sea más rotunda y evidente. Sin faltar al principio de no intervención y en pleno respeto a la autodeterminación y la soberanía de las naciones, lo que edifiquemos será inspiración para otros pueblos. El modelo posneoliberal mexicano, sustentado en el concepto de economía moral, es también una respuesta a quienes, para justificar el neoliberalismo, esgrimían que no había otro camino posible, como si se tratara de un destino manifiesto o de una fatalidad.

De modo que tenemos la responsabilidad de construir un nuevo ordenamiento político y de convivencia, acompañado de un modelo viable de desarrollo económico. Debemos demostrar que sin autoritarismo es posible trazar un rumbo nacional distinto, que la modernidad puede ser forjada desde abajo y sin excluir a nadie y que el desarrollo no tiene por qué ser contrario a la justicia social. Pues bien, desde el inicio del nuevo Gobierno democrático se empezó a llevar a cabo una transformación pacífica y ordenada, pero, al mismo tiempo, profunda y radical, porque nos propusimos acabar de raíz con la corrupción y la impunidad que impedían el renacimiento de México.

Si definimos en pocas palabras las tres grandes transformaciones de nuestra historia, podríamos resumir que en la Independencia se luchó por abolir la esclavitud y alcanzar la soberanía nacional; en la Reforma, por el predominio del poder civil y por la restauración de la República; y en la Revolución, nuestro pueblo y sus extraordinarios dirigentes lucharon por la justicia social y por la democracia. Ahora, nosotros hemos decidido convertir la honestidad y la fraternidad en forma de vida y de gobierno.

1. Cero corrupción

No se trata de un asunto retórico o propagandístico: es un hecho demostrable que la crisis de México se originó no solo por el fracaso del modelo económico neoliberal aplicado en los últimos 36 años, sino también por el predominio en ese periodo de la más inmunda corrupción pública y privada. En otras palabras, como lo hemos repetido durante años: nada ha dañado más a México que la deshonestidad de los gobernantes y la pequeña minoría que ha lucrado con el influyentismo; esa es la causa principal de la desigualdad económica y social y, por extensión, de la inseguridad y de la violencia que padecemos. Por eso, cuando me piden que exprese en una frase cual es el plan del nuevo Gobierno, respondo: acabar con la corrupción y con la impunidad.

Al contrario de lo que pudiera suponerse, esta nueva etapa la hemos iniciado sin perseguir a nadie, porque no apostamos a la simulación ni a las medidas espectaculares y escandalosas. Queremos regenerar de verdad la vida pública de México. Además, siendo honestos, como lo somos, si abrimos expedientes, dejaríamos de limitarnos a buscar chivos expiatorios, como se ha hecho siempre, y tendríamos que empezar con los de mero arriba, tanto los del sector público como los del sector privado. No habría juzgados ni cárceles suficientes para procesarlos y castigarlos y, lo más grave, lo más serio, meteríamos al país en una dinámica de fractura, conflicto y confrontación, lo cual nos llevaría a consumir tiempo, energía y recursos que necesitamos para emprender la regeneración verdadera y radical de la vida pública de México, la construcción de una nueva patria, la reactivación económica y la pacificación del país.

Estamos ante un asunto político de Estado, y como tal, decidimos enfrentarlo. Durante la campaña electoral expuse con toda claridad mi postura al respecto: declaré que no es mi fuerte la venganza, y que, si bien no olvido, soy partidario del perdón y de la indulgencia. Además, y esto es muy importante, creo precisamente que en el terreno de la justicia pueden castigarse los errores del pasado, pero lo fundamental es evitar los delitos del porvenir.

En consecuencia, propuse al pueblo de México poner un punto final a esta horrible historia y empezar de nuevo; en otras palabras, que no hubiera persecución a los funcionarios del pasado y que las autoridades encargadas desahogaran en libertad los asuntos pendientes y las denuncias que pudieran presentarse; que se catigara a quienes resulten responsables, pero que la Presidencia se abstuviera de solicitar en automático investigaciones en contra de los que estuvieron ocupando cargos públicos o haciendo negocios al amparo del poder durante el periodo neoliberal. Instituciones y autoridades ahora independientes, como la Fiscalía General de la República, se están encargando con absoluta libertad del desahogo de estos asuntos.

Desde mi punto de vista, en las actuales circunstancias, la condena moral y política al régimen neoliberal, dejar en claro su manifiesto fracaso y su evidente corrupción, y hacer todo lo que podamos para abolirlo en los hechos, es más severo y eficaz que someter a procesos judiciales o a juicios sumarios a sus personeros, quienes a fin de cuentas no dejan de ser menores ante la esperanza de todo un pueblo y la fortaleza de una nación como la nuestra. De cualquier manera, como en todos los asuntos de trascendencia para la vida pública del país, defenderé con libertad y argumentos mi postura de poner el punto final y de pensar y trabajar hacia el porvenir, pero la sociedad tendrá la última palabra, porque todos estos asuntos se van a consultar siempre a los mexicanos.

También aclaro que, de aceptarse mi propuesta de mantener al margen de este asunto al Poder Ejecutivo, tal determinación se aplicaría para los de antes y para los que ya se fueron, no para nosotros, quienes mantendremos en alto el ideal y la práctica de la honestidad. Por eso hemos promovido una ley para convertir la corrupción en delito grave. Aunque parezca increíble, no lo era: la mayoría de los mexicanos ni siquiera sabía que, en 1994, durante el gobierno de Salinas de Gortari, se reformó el Código Penal para no considerar grave el robo de bienes públicos, lo cual otorgaba impunidad a corruptos, pues podían salir de la cárcel pagando una simple fianza. Durante 25 años, de manera por demás hipócrita, tanto el conservadurismo —padre de la que se autodenomina sociedad civil— como sus representantes del gobierno neoliberal se dedicaron a promover la creación de instituciones burocráticas, supuestamente independientes, para combatir la llamada «opacidad» y el saqueo. Así surgieron el Instituto Nacional de Transparencia y la Fiscalía Anticorrupción, entre otros organismos pantallas o paleros; un fraude cínico, una farsa costosísima. Y todo ello, repito, cuando nadie ni siquiera hablaba de que la corrupción estaba permitida y tolerada por la ley. No cabe duda de que, como me dijo una vez Carlos Monsiváis: «La verdadera doctrina de la derecha es la hipocresía».

En cuanto a mi proceder como gobernante, con apego a mis convicciones y en uso de mis facultades, me he comprometido a no robar y no permitir que nadie se aproveche de su cargo o posición para sustraer bienes del erario o hacer negocios al amparo del poder público. Esto aplica para amigos, compañeros de lucha y familiares.

He dejado en claro que si mis seres queridos, mi esposa o mis hijos cometen un delito, deberán ser juzgados como cualquier otro ciudadano. Solo respondo por mi hijo Jesús, por ser menor de edad. Incluso expedí un memorándum que a la letra dice:

> A los secretarios del Gobierno Federal
> A los directores de empresas u organismos paraestatales
> A los servidores públicos en general
>
> Me dirijo a ustedes con la instrucción clara y precisa de no permitir, bajo ninguna circunstancia, la corrupción, el

influyentismo, el amiguismo, el nepotismo, ninguna de esas lacras de la política del antiguo régimen.

Todos estamos obligados a honrar nuestra palabra y cumplir el compromiso de no mentir, no robar y no traicionar la confianza de los mexicanos.

En consecuencia, les reitero: no acepto, bajo ninguna circunstancia, que miembros de mi familia hagan gestiones, trámites o lleven a cabo negocios con el Gobierno en su beneficio o a favor de sus «recomendados».

Esto incluye a mi esposa, hijos, hermanos, hermana, primos, tíos, cuñados, nueras, concuños y demás miembros de mi familia cercana o distante.

Ustedes no tienen la obligación de escuchar propuestas indecorosas de nadie. Y en el caso de mis familiares, ni siquiera de recibirlos en sus oficinas o contestarles el teléfono. Nada de nada.

Solo me resta decirles que, de no cumplirse esta recomendación, se podría caer en actos de deshonestidad y en la esfera del derecho penal.

Desde hace años, he promovido la reforma al artículo 108 de la Constitución para eliminar la impunidad y los fueros de los altos funcionarios públicos, empezando por el presidente de la República, quien ahora, según la iniciativa de ley que envié al Senado, podrá ser juzgado como cualquier ciudadano por corrupción y otros delitos graves, aun estando en funciones. Un buen juez por la casa empieza. Estamos poniendo orden en la cúpula del poder, porque la corrupción, reitero, se promueve y se practica, fundamentalmente, desde lo alto hacia los niveles inferiores. Nada de que «el Presidente no sabía» ni de que «lo engañaron»: debe quedar claro que todos los grandes negocios hechos al amparo del poder llevaban el visto bueno del titular del Ejecutivo Federal. Por eso estamos limpiando de corrupción en el Gobierno de arriba para bajo, como se limpian las escaleras.

Con este criterio se combate el robo de combustibles, la evasión fiscal, el lavado de dinero, el tráfico de armas y otros ilícitos que no podrían perpetrarse sin la complicidad entre infractores y funcionarios públicos. Aquí explico que, cuando llegamos al Gobierno, empezamos a enfretar el robo de combustible, llamado coloquialmente «huachicol». Este delito consistía en perforar ductos de gasolina para extraer grandes cantidades de combustible. Existían miles de tomas clandestinas, al grado de que este ilícito se había convertido en un jugoso negocio de delincuentes y funcionarios. El año pasado, el robo ascendió a 80 000 barriles de gasolina al día, en promedio, equivalente a 800 carros-tanque diarios. En 2018, esta cantidad de combustible sustraído a Pemex significó una pérdida de alrededor de 60 000 millones de pesos. Pero nadie hacía nada por impedirlo. Por el contrario, durante los sexenios de Fox, Calderón y Peña, la Secretaría de Hacienda lo veía como algo normal e incluía la pérdida en la contabilidad pública. Nos tocó a nosotros decir basta, y aunque no fue fácil, con el apoyo de la gente que resistió el sabotaje durante tres semanas —pues hubo rupturas premeditadas de tubos con el propósito de dejarnos sin abasto— y con la participación de las Fuerzas Armadas y de los trabajadores petroleros que suprimieron las tomas clandestinas, hemos logrado reducir de manera drástica esta actividad delictiva (véase la gráfica 3 del apéndice). Agrego que, como parte de la estrategia para acabar con el huachicol, se atendió la creación de fuentes de trabajo y otras medidas de bienestar a la gente que, por necesidad, era usada por los grupos ciminales como escudo y protección a cambio de lo cual se les permitía recoger bidones de 20 litros de las tomas clandestinas. Lamento mucho que, en ese tiempo, cuando se estaba aplicando el plan contra este ilícito, 137 personas perdieran la vida en la explosión de una zanja hecha *ex profeso* en una toma clandestina en el municipio de Tlalhuelipan, Hidalgo. Con todo este dolor a cuestas, hoy puedo informar que se ha reducido el robo del combustible en 94%, lo que nos permitirá ahorrar 50 000 millones de pesos este año.

Otra acción fundamental en la lucha para erradicar la corrupción y la impunidad es la cancelación, vía decreto presidencial, de la condonación de impuestos a grandes corporaciones empresariales y financieras. Este ofensivo privilegio significaba que los grandes contribuyentes no pagaran impuestos, pues existía la facultad discrecional de los altos funcionarios de Hacienda, con la aprobación del presidente, de condonar adeudos. Solo en

Robo de combustible

Noviembre de 2018 - octubre de 2019

Millones de barriles diarios

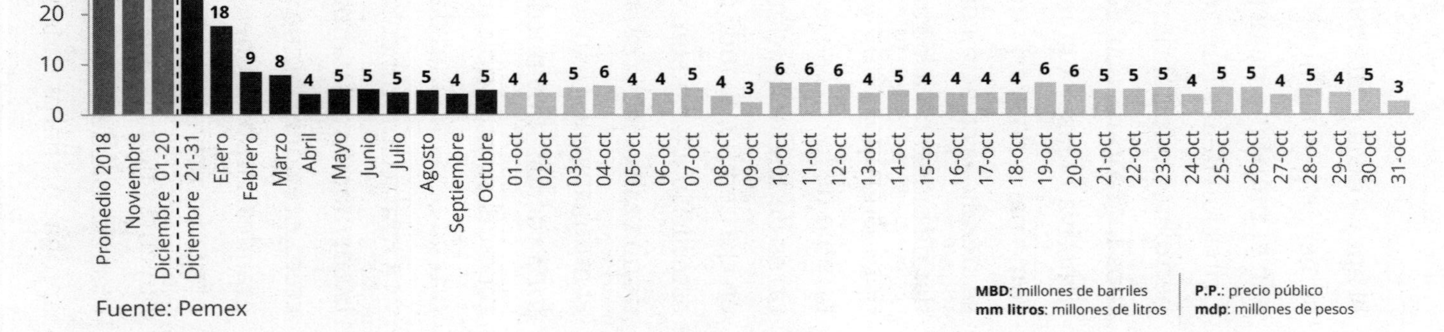

1 de noviembre, 2019

Promedio 2019 MBD

Estimado	MBD	mm Litros	P.P.	mdp
Magna	-2.4	-0.4	19.7	7.5
Premium	-1.8	-0.3	21.27	6.1
Diésel	-1.3	-0.2	20.71	4.3
Turbosina	-0.9	-0.1	18.63	2.7
Total	**-6.4**	**-1.0**		**20.6**

MBD: millones de barriles
mm litros: millones de litros
P.P.: precio público
mdp: millones de pesos

Fuente: Pemex

los dos últimos sexenios, 108 grandes contribuyentes se beneficiaron con condonaciones por 213 000 millones de pesos. Hace unos meses se reformó el artículo 28 de la Constitución, y esta inmoralidad ha quedado prohibida.

La lucha contra la corrupción ha sido un tema central del debate público y de la conversación ciudadana en estos meses del nuevo Gobierno, y los cambios promovidos van calando en la conciencia de los mexicanos. Tan es así que el Barómetro Global de la Corrupción (BGC) que publica Transparencia Internacional refleja un cambio drástico en la percepción ciudadana. Según el informe publicado el 23 de septiembre de 2019, 61% de los mexicanos encuestados confía en la estrategia anticorrupción del actual Gobierno Federal, lo que contrasta con el 24% registrado en 2017 (un cambio de 37 puntos). Otro dato significativo es que, durante los primeros meses del nuevo Gobierno, solo 34% de los encuestados reportó haber sido víctima de corrupción en algún trámite o servicio, porcentaje que en 2017 llegaba al 51%. Destaco, por último, que mientras en América Latina 57% de la población tiene una imagen negativa de sus respectivos gobiernos en la lucha contra la corrupción, en México esa percepción es ahora de 36%, de acuerdo con el estudio de Transparencia Internacional. De modo que, por primera vez desde que se elabora esta investigación, nuestro país se coloca en segundo lugar en el continente en este índice de la lucha anticorrupción.

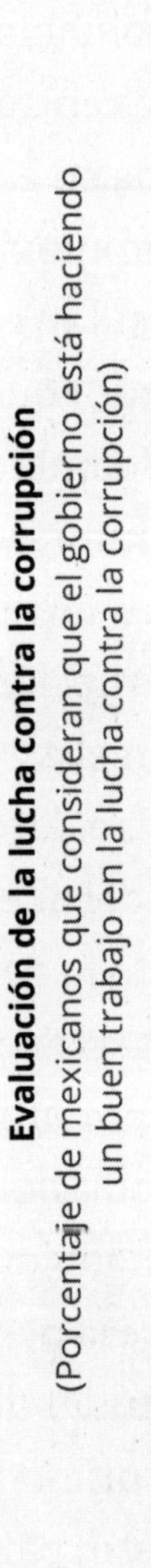

Evaluación de la lucha contra la corrupción
(Porcentaje de mexicanos que consideran que el gobierno está haciendo un buen trabajo en la lucha contra la corrupción)

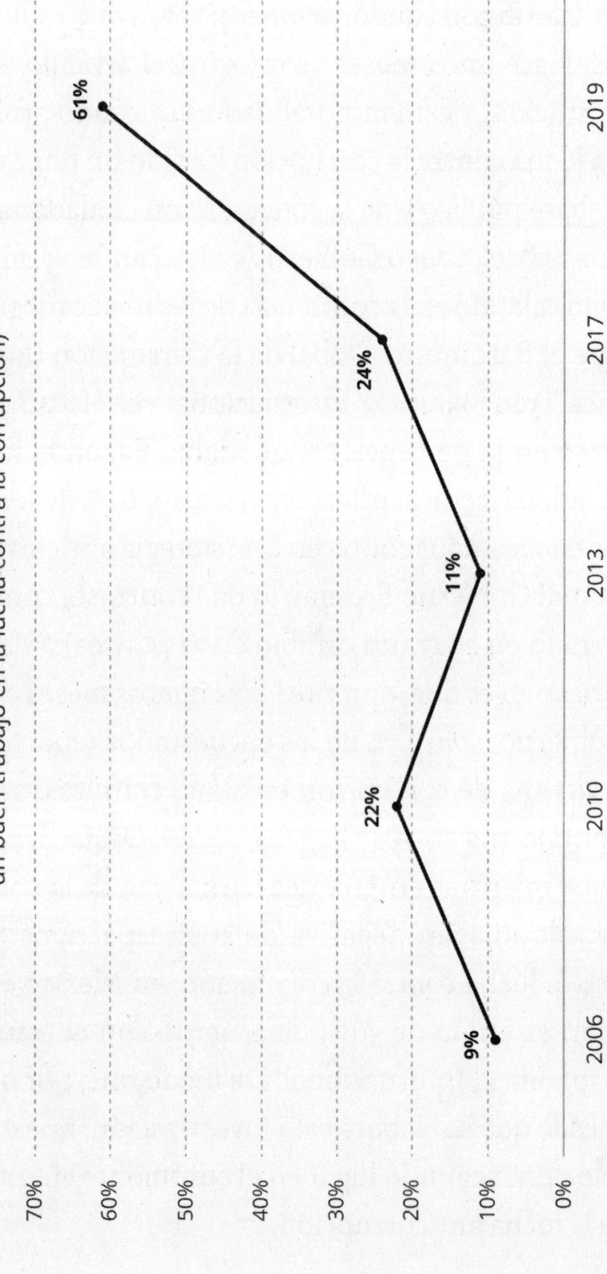

Fuente: Transparencia Internacional

2. Austeridad republicana

La austeridad nuestra se inspira en el criterio del presidente Benito Juárez, quien sostenía: «Bajo el sistema federativo, los funcionarios públicos no pueden disponer de las rentas sin responsabilidad; no pueden gobernar a impulsos de una voluntad caprichosa, sino con sujeción a las leyes; no pueden improvisar fortunas ni entregarse al ocio y a la disipación, sino consagrarse asiduamente al trabajo, resignándose a vivir en la honrosa medianía que proporciona la retribución que la ley haya señalado».

Los lujos, los dispendios y la opulencia que caracterizaban el ejercicio del poder han llegado a su fin. El Gobierno actual ha eliminado los privilegios y prebendas que disfrutaban los funcionarios de alto nivel. Había servidores públicos que ganaban hasta 700 000 pesos mensuales, mientras los trabajadores de base recibían 8 000 pesos mensuales en promedio. Esto se terminó cuando se aprobó una reforma al artículo 127 de la Constitución para que nadie pueda ganar más que el presidente de la República, es decir, más de 108 000 pesos mensuales, sin compensaciones, pues me reduje el sueldo a menos de la mitad de lo que recibía el expresidente Enrique Peña Nieto. Como es natural, ha habido resistencias de quienes abusan de los cargos y, en algunos casos, sobre todo en las instancias autónomas, se recurrió a juicios de amparo pero, en lo general, la medida ha ido avanzando.

El aparato gubernamental, tal y como se recibió el 1 de diciembre de 2018, estaba plagado de instituciones improductivas, de duplicidad de funciones y de oficinas y partidas presupuestales sin propósito ni resultados. En apego al marco legal, el Gobierno Federal ha eliminado los despachos inútiles, ha concentrado funciones y tareas de las dependencias y ha reorientado los presupuestos dispersos a los programas significativos y de alto impacto social y económico. Por ejemplo, todas las compras del Gobierno, que equivalen a un billón de pesos, hoy se hacen de manera consolidada y bajo la coordinación de la Oficialía Mayor de la Secretaría de Hacienda y Crédito Público. Este año, el ahorro por evitar la corrupción en la adquisición de bienes a proveedores del Gobierno alcanzará la cifra de 200 000 millones de pesos.

También se puso fin a la contratación generalizada e indiscriminada de personal de confianza y a la asignación perjudicial de oficinas, vehículos, mobiliario, equipos de comunicación y viáticos; por ejemplo, se cerraron 51 oficinas de, supuestamente, promoción del país, llamadas ProMéxico, que existían en las principales ciudades del mundo. Algo hasta ridículo, porque en ninguna parte existen oficinas ProAlemania, ProCanadá, ProFrancia, etcétera. De igual manera, se eliminó el pago con cargo al erario de seguros de gastos médicos y la caja de ahorro especial para altos funcionarios; se suprimieron los presupuestos para fiestas y banquetes y los viajes sin sentido al extranjero. Únicamente los titulares de las secretarías de Estado pueden disponer de vehículo y chofer; no hay asesores y solo se asignaron escoltas a aquellos funcionarios que, por la naturaleza de su trabajo, requieren de medidas de seguridad.

Al presidente de México lo cuidaba un cuerpo de élite llamado Estado Mayor Presidencial, perteneciente al Ejército, que contaba con 8 000 elementos y manejaba flotillas de carros, camionetas blindadas, aviones y helicópteros; los miembros de esta corporación ganaban más y tenían mejores prestaciones que los soldados, marinos o policías. Pues bien, esta institución mantenida por décadas desapareció; sus integrantes pasaron a formar parte de la Secretaría de la Defensa Nacional para cuidar al pueblo. El actual presidente cuenta con una ayudantía de 15 civiles; y, como lo he dicho muchas veces, lo cuida la gente. Además, el que lucha por la justicia no tiene nada que temer.

El presidente y todos los servidores públicos tienen prohibido viajar en aviones y helicópteros privados. El lujoso avión presidencial se encuentra en proceso de subasta, así como 72 aeronaves más que estaban al servicio de altos funcionarios. Aunque parezca increíble, los anteriores gobernantes usaban aviones y helicópteros oficiales hasta para ir de compras o a jugar golf. Agrego que el Estado Mayor Presidencial manejó el año pasado una partida presupuestal que preveía 2 000 millones de pesos solo para gastos de operación; para colmo, esos recursos se consideraban «erogaciones para la seguridad nacional», y esta excusa los eximía de la obligación de comprobar los gastos en lo específico y les permitía hacerlo bajo el rubro de estimaciones generales. Así, por ejemplo, los encargados de manejar estas partidas dejaron facturas en la contabilidad interna, según las cuales, en el último viaje del presidente Peña —efectuado el 30 de noviembre de 2018 rumbo a la cumbre del G-20 en Buenos Aires, Argentina— se erogaron 400 152 pesos en la compra de agua de tocador; 205 784 pesos en papel sanitario; 47 258 pesos en rastrillos; 16 208 pesos en cortaúñas; 70 435 pesos en gel fijador para cabello, y 7 000 000 de pesos en servicio de internet. Para resumir, el año pasado, la Presidencia de la República ejerció un presupuesto de 3 600 millones de pesos y nosotros lo reduciremos 800 000 000, es decir, una cuarta parte. Esto es, en los hechos, la austeridad republicana.

Termino esta explicación recalcando que todas las medidas de austeridad han quedado plasmadas en una ley de obediencia obligatoria aprobada el 8 de octubre por la Cámara de Diputados, en la cual se especifica, entre otras disposiciones, que al término de su desempeño, ningún servidor público puede trabajar en el sector privado en asuntos relacionados con su anterior cargo, sino hasta después de diez años de haber dejado su puesto. Este ordenamiento surge para eliminar el vergonzoso proceder de muchos funcionarios del periodo neoliberal que, apenas dejaban el Gobierno, eran recompesados por las empresas o bancos a los que encubiertamente habían servido. Este es el caso de expresidentes de la República;

de exsecretarios de Hacienda, Energía, Comunicaciones, Economía y Gobernación; de exdirectores de Pemex y la CFE, y de muchos otros que, sin ningún pudor, pasaron a ser empleados en empresas o bancos privatizados por ellos mismos o a los que ayudaron otorgándoles contratos o información privilegiada.

3. Separación del poder político y el poder económico

El otro distintivo del nuevo Gobierno es la separación del poder económico y el poder político. El Gobierno ya no es un simple facilitador para el saqueo, como había venido sucediendo, y ha dejado de ser un comité al servicio de una minoría rapaz. El Gobierno actual representa a ricos y pobres, creyentes y librepensadores, y a todas las mexicanas y mexicanos, al margen de ideologías, orientación sexual, cultura, idioma, origen, nivel educativo o posición socioeconómica. Ya existe un auténtico Estado de Derecho y queremos convertir en hábito la consigna de nuestros liberales del siglo XIX: «Al margen de la ley, nada, y por encima de la ley, nadie».

En el periodo neoliberal, los gobernantes se acostumbraron a incumplir las leyes o a hacerlo solo en forma selectiva y discrecional. Esa conducta fue un mal ejemplo de ilegalidad para amplios sectores de la población y se causó de esa manera un gravísimo daño a las instituciones y a la moral pública del país. Para rescatar la confianza de la población en la legalidad, es indispensable que la autoridad sea respetuosa de ella. En virtud de este principio, en el Gobierno actual, todos los servidores públicos están obligados a obedecer y aplicar el marco legal vigente en todos sus aspectos.

Un punto fundamental en este sentido es acabar con la simulación de constitucionalidad tal y como se practicaba en el periodo neoliberal, y acatar puntualmente los límites y las jurisdicciones establecidos en el pacto federal y la división de poderes. Dicho de otra manera, el Poder Ejecutivo no debe inmiscuirse de ninguna forma en las decisiones de los otros poderes, debe respetar las potestades de los niveles estatal y municipal de Gobierno y obedecer las decisiones de la Fiscalía General de la República, el Banco de México, las autoridades electorales y la Comisión Nacional de los Derechos Humanos. De igual modo, la Presidencia de la República está comprometida con el reconocimiento y respeto a las facultades que el marco legal del país otorga a las comunidades indígeneas y a sus instancias de decisión. En materia de derecho internacional se someterá a los fallos de los organismos e instrumentos de los que México es miembro y signatario, como la Organización de las Naciones Unidas, la Corte Penal Internacional y la Organización Mundial de Comercio.

Aquí destaco que, por primera vez en tres décadas, se elaboró un Plan Nacional de Desarrollo completamente distinto a los aprobados durante el periodo neoliberal. El nuestro tiene como propósito atender las demandas del pueblo y desterrar la corrupción y la impunidad. Las políticas gubernamentales ya no están sometidas a las recetas impuestas desde el extranjero y, aunque no se han promovido reformas legales en materia energética ni de la explotación de recursos naturales, se ha decidido no otorgar más concesiones ni contratos a particulares para la extracción de petróleo, generación de electricidad, minería, manejo de aguas y otras actividades estratégicas de exclusivo dominio de la nación.

Además se estableció, como ya dijimos, el criterio de separar el poder político del poder económico, y el Gobierno se asume como representante de todos los mexicanos, no solo de una facción o minoría. Como es evidente, este nuevo ordenamiento político contrasta con las reformas promovidas durante el periodo neoliberal, cuyo propósito era, en esencia, trasladar los bienes públicos a particulares y utilizar al Congreso para legalizarlo. Recuérdese que, en ese lapso, la mayoría de los legisladores, que debieron haber actuado como representantes populares, eran en realidad fieles servidores de los potentados y de sus jefes políticos y, en concordancia con esa tarea, aprobaron las siguientes reformas:

1. En mayo de 1989, al inicio del gobierno de Carlos Salinas, el PRI y el PAN avalaron el Plan Nacional de Desarrollo (1989-1994) que permitió la venta de importantes empresas públicas al sector privado.

2. El 27 de junio de 1990, el PRI y el PAN reformaron el artículo 28 constitucional para entregar bancos que eran propiedad de la nación, eliminando el párrafo que reservaba al Estado la prestación del servicio público de banca y crédito.
3. El 6 de enero de 1992, el PRI y el PAN modificaron el artículo 27 constitucional para poner a la venta las tierras ejidales.
4. El 6 de mayo de ese mismo año, los legisladores del PRI y del PAN cambiaron la Ley Minera para entregar concesiones a particulares —hasta por 50 años— para la explotación de oro, plata y cobre; eliminaron los límites de la superficie que podría ser concesionada; derogaron el impuesto a la extracción de minerales, y dieron lugar a la privatización de unidades y plantas mineras del sector paraestatal, como fue el caso de la histórica mina de Cananea. Además, en ese sexenio, entregaron 6 600 000 hectáreas de reservas mineras nacionales, la mayor parte de ellas a tres consorcios del país: Peñoles, Grupo México y Carso. Y esta misma política continuó hasta el 1 de diciembre de 2018. En 36 años se concesionaron 90 000 000 de hectáreas, es decir, 45% del territorio nacional. Ni siquiera en el Porfiriato se llevó a cabo una enajenación de suelo patrio tan descarada.
5. El 22 de diciembre de 1992, los legisladores aprobaron la reforma a una ley secundaria que, a contrapelo de la Constitución, permitió a empresas privadas, principalmente extranjeras, generar energía eléctrica. Hoy, tales

empresas venden a la Comisión Federal de Electricidad o a particulares el 46% de la energía eléctrica que se consume en el país a precios elevadísimos. Con la nueva política energética puesta en marcha por la Cuarta Transformación, se está incrementando la capacidad de generación de las plantas del sector público y se detuvo el aumento en las tarifas.

6. El 5 de marzo de 1993, el PRI y el PAN aprobaron la reforma al artículo tercero constitucional para limitar la gratuidad de la educación pública solo a nivel de primaria y secundaria, y se dejó al mercado, como si fuera una mercancía, la educación media superior y universitaria. Desde entonces, unos 300 000 jóvenes son rechazados año con año en su intento por ingresar a la educación superior. Para justificar este absurdo, se implantó la mentira de que los jóvenes no podían ingresar porque no aprobaban el examen de admisión, cuando en realidad no había cupo para ellos en los planteles públicos por falta de presupuesto.
7. El 18 de marzo de 1995, la mayoría del PRI en la Cámara de Diputados aprobó el aumento del IVA del 10 al 15%.
8. El 12 de mayo de 1995, el PRI y el PAN reformaron la ley reglamentaria del servicio ferroviario para privatizar Ferrocarriles Nacionales de México y venderlo a empresas nacionales y extranjeras. Tan descarado fue este atraco que, al terminar su sexenio, el expresidente Ernesto Zedillo se fue a trabajar como asesor del consejo de administración de una de las empresas que se quedó con la mayor parte de la infraestructura ferroviaria del país.

9. El 23 de mayo de 1996, el PRI y el PAN aprobaron la Ley de los Sistemas de Ahorro para el Retiro, los cuales fueron entregados de esa forma a operadoras financieras privadas, nacionales y extranjeras —las Administradoras de Fondos para el Retiro, Afores— y con ellos, la administración sin transparencia —con altos costos por la operación y baja rentabilidad para los derechohabientes— de las pensiones de millones de trabajadores. En su primera etapa, las Afores llegaron a cobrar tres comisiones distintas: sobre el saldo en la cuenta, sobre los depósitos y sobre los rendimientos. Ahora, al menos hemos garantizado a los asalariados el manejo seguro de esos fondos conformados con sus ahorros.
10. El 12 de diciembre de 1998, diputados del PRI y del PAN aprobaron el Fobaproa, que convirtió las deudas privadas de unos cuantos empresarios y banqueros en deuda pública. En la actualidad, al 31 de diciembre de 2018, esta deuda rebasó el billón 200 000 millones de pesos, y de 1995 a la fecha se han destinado, solo para pagar intereses, más de 800 000 millones de pesos del presupuesto nacional, cuando esos recursos públicos debieron utilizarse para impulsar actividades productivas, crear empleos y promover el bienestar del pueblo.
11. El 8 de diciembre de 2005, ya durante el foxismo, el PRI y el PAN reformaron la Ley del Impuesto Sobre la Renta para conceder a las grandes corporaciones económicas y financieras el privilegio de diferir el pago de impuestos hasta por el 100% de sus contribuciones. Una vez consumado el

fraude electoral de 2006, el 22 de marzo de 2007, el PRI y el PAN modificaron la ley del ISSSTE y entregaron las pensiones de los trabajadores al servicio del Estado a los intereses de los banqueros. Con ello, los trabajadores pagarán más por sus pensiones y al final recibirán menos.

12. El 13 de septiembre de 2007, los mismos legisladores del PRI y del PAN aprobaron un paquete fiscal que incluyó la creación del Impuesto Empresarial a Tasa Única (IETU) y el impuesto del 2% por depósitos en efectivo, que más tarde aumentaron al 3%.
13. El 24 de octubre de 2008, aprobaron la Ley de Petróleos Mexicanos para dar lugar al otorgamiento de contratos incentivados —así les llaman— a empresas privadas, nacionales y extranjeras, para la explotación de petróleo, exclusiva y hasta por 25 años, mediante la asignación de áreas o bloques del territorio. Por cierto, la Suprema Corte convalidó esa reforma y rechazó una controversia constitucional presentada por cinco presidentes municipales alegando que «carecen de interés jurídico» en el tema. También resolvió improcedente un juicio de inconstitucionalidad interpuesto por legisladores progresistas. Siguiendo la cronología de la ignominia, recordemos que, mediante un acuerdo político entre Calderón y Peña Nieto, el 20 de octubre de 2009, los diputados del PRI y del PAN aprobaron la Ley de Ingresos, en la que aumentaron el IVA de 15 a 16%, incrementaron el Impuesto Sobre la Renta de 28 a 30% y autorizaron los aumentos mensuales a las gasolinas, el diésel, el gas y la electricidad.

14. El 2 de diciembre de 2012, al día siguiente de haber tomado posesión de la Presidencia, Enrique Peña Nieto firmó, con los partidos PAN, PRI y PRD, el llamado Pacto por México, en el cual se acordó profundizar en las privatizaciones del sector energético, la educación, la seguridad social y las comunicaciones, así como reformar leyes fiscales, laborales y hacendarias, todo en beneficio de la clase dominante del país y de los intereses extranjeros. Poco antes, el 30 de noviembre de 2012, diputados y senadores del PRI y del PAN aprobaron la reforma laboral, que eliminó derechos históricos a los trabajadores al permitir la subcontratación, el pago por horas y sin prestaciones sociales.
15. El 13 de diciembre de 2012, la Cámara de Diputados aprobó la mal llamada «reforma educativa», que tenía como consigna someter al magisterio y avanzar en la privatización de la enseñanza. La mayoría de senadores votó a favor de la modificación constitucional el 20 de diciembre de 2012. A partir de ese momento comenzó una campaña de desprestigio, criminalización y persecución sin precedentes en la historia contra el magisterio.
16. El 18 de diciembre de 2012, el Senado aprobó las reformas constitucionales en materia de telecomunicaciones realizadas a los artículos 6, 7, 27, 28, 73, 78, 94 y 105. Estas modificaciones garantizan los derechos de las empresas, pero no los de la ciudadanía, y permiten la censura previa y violan el derecho a la privacidad. Además, los legisladores dejaron fuera a las radios comunitarias indígenas y los derechos de las audiencias. La Ley Federal de Telecomunicaciones creó

el Instituto Federal de Telecomunicaciones (IFT) para regular el sector. Sin embargo, este acabó favoreciendo a los «agentes económicos preponderantes» que han fortalecido su presencia en el mercado.

17. En octubre de 2017, el Senado aprobó nuevos cambios a la Ley de Telecomunicaciones y Radiodifusión que fueron considerados un retroceso democrático. Se nulificó el derecho de las audiencias, pues se eliminó la facultad de la Secretaría de Gobernación de supervisar los contenidos y velar por el cumplimiento de los derechos constitucionales. En los hechos, se dejó sin sanción el incumplimiento del respeto a los derechos de las audiencias infantiles y a la diversidad y se omitió la obligación de observar un lenguaje no sexista y de no promover la violencia.
18. El 17 de octubre de 2013, la Cámara de Diputados aprobó la reforma hacendaria que significó cobrar más impuestos a la mayoría de los contribuyentes, manteniendo los privilegios fiscales para las grandes empresas y los bancos. La reforma, aprobada por el Legislativo y publicada en el *Diario Oficial de la Federación* el 11 de diciembre de 2013, fue modificada por la Presidencia mediante dos decretos del 26 de diciembre de 2013; en ellos, se estableció que el Ejecutivo tenía facultades para ejercer en la práctica un poder determinante en la definición de la política tributaria. El artículo 39 del Código Fiscal de la Federación (Cámara de Diputados, 2014) lo habilita para «condonar o eximir, total o parcialmente, el pago de contribuciones y sus accesorios» y para

«conceder subsidios o estímulos fiscales». Y eso es exactamente lo que hizo el expresidente Peña Nieto: otorgar estímulos fiscales a las industrias manufacturera, maquiladora y de servicios de exportación, y acordar diversos beneficios a otros sectores.

19. No conformes con el avance en las privatizaciones de Petróleos Mexicanos y de la Comisión Federal de Electricidad, el 11 de diciembre de 2013 los Senadores del viejo régimen aprobaron la reforma energética para entregar el 20% del potencial petrolero del país a empresas particulares nacionales y extranjeras y permitir el aumento ilimitado de la participación privada en la generación de electricidad. No dejo de señalar que, cuando se aprobó esta reforma, solicitamos, de conformidad con el artículo 35 de la Constitución, una consulta ciudadana para recoger la opinión del pueblo sobre este importante asunto de interés nacional. Sin embargo, luego de reunir más de 3 000 000 de firmas y cumplir con todos los requisitos, los ministros de la Suprema Corte, demostrando su lealtad a los mandamases, declararon improcedente nuestra fundada petición.

En fin, durante el periodo neoliberal, las leyes se aprobaron por consigna y a modo, en el sentido que exigían los potentados, políticos, funcionarios y legisladores para beneficio de particulares, sin importar el interés público.

En contraste, ahora las reformas a la Constitución y a las leyes que hemos promovido tienen el propósito de ajustar el marco legal a la nueva política económica y social que estamos aplicando. Por ejemplo, las principales reformas y leyes aprobadas por las Cámaras, con mayoría de legisladores surgidos de nuestro movimiento, han sido las del combate a la corrupción; la de austeridad republicana; la de extinción de dominio para recuperar y devolver al pueblo lo robado; la prohibición de la devolución de impuestos; la clasificación como delitos graves el robo de combustible, la evasión fiscal y el fraude electoral; la eliminación del fuero a funcionarios; la revocación del mandato; la consulta popular; la nueva ley laboral y de salud; la cancelación de la llamada «reforma educativa»; la reforma a la Constitución que permite a elementos del Ejército y la Marina participar en tareas de seguridad pública e instituye la Guardia Nacional.

El nuevo marco legal, en los hechos, es una nueva Constitución acorde con las demandas y la voluntad del pueblo, que decidió emprender la Cuarta Transformación de la vida pública del país por medio de las vías institucionales y legales.

4. Hacia una democracia participativa

También estamos transitando hacia una verdadera democracia y se acabará la vergonzosa costumbre de fraudes electorales. Las elecciones serán limpias y libres, y quien utilice recursos públicos o privados para comprar votos y traficar con la pobreza de la gente o el que destine el presupuesto para favorecer a candidatos o partidos irá a la cárcel sin derecho a fianza, porque cualquier violación de las autoridades o de cualquier persona a los derechos políticos de los ciudadanos se ha convertido en delito grave. Pero no solo se mejorará y se hará efectiva la democracia representativa, también se pondrá en práctica la democracia participativa.

El sentido primigenio y máximo de un régimen democrático es el gobierno del pueblo. La Constitución de nuestro país estableció un sistema político representativo conformado por funcionarios electos a quienes la sociedad entrega un mandato temporal que debe renovarse periódicamente por medio de elecciones. Pero la falta de tradición democrática y la pérdida de ideales y principios del grupo gobernante conformó una clase política separada del pueblo que acabó operando en función de sus propios intereses. Dicho proceso se vio acentuado en la era neoliberal, cuando la complicidad entre el poder público y el económico, la creciente corrupción y la utilización facciosa de las instituciones crearon una nueva oligarquía excluyente, una pequeña élite que manejó el país a su antojo, sin atender las necesidades nacionales.

El divorcio creciente entre el poder oligárquico y el pueblo generó una percepción social de la política como una actividad intrínsecamente corrupta e inmoral. La población terminó por desoconfiar de su propia capacidad de influir en las decisiones nacionales y hasta de la posibilidad de cambiar el rumbo del país por miedo de la participación electoral. La superación de ese estado de impotencia, abatimiento y desinterés fue resultado de un trabajo de décadas de información y organización social, del surgimiento de movimientos sociales y de la ruptura del monopolio informativo de los medios de comunicación social. A los escasos espacios noticiosos y publicaciones veraces se sumó la aparición de las redes sociales, las cuales hicieron posible la circulación de información independiente del poder oligárquico y de las verdades oficiales. Se hizo posible, así, difundir entre grandes sectores la idea de que la postración nacional era resultado de un ejercicio perverso y distorsionado del poder público, que el país no tenía que estar condenado a vivir para siempre en el desastre neoliberal y que la sociedad podía ser protagonista de una gran transformación si se organizaba para la participación electoral y para contrarrestar las innumerables prácticas del fraude.

Esa revolución de las conciencias permitió derrotar al régimen oligárquico en los comicios del 1 de julio de 2018 e imprimir una nueva dirección al país. Hoy, la mayoría de la sociedad mexicana está informada de las realidades políticas y mantiene una vigilancia constante sobre el quehacer gubernamental e institucional. Este cambio trascendente está siendo conducido a una forma superior de ejercicio del poder: la democracia participativa.

No es suficiente con que la sociedad esté informada y atenta; debe, además participar e involucrarse en las decisiones relevantes de quienes la representan en la función pública; debe borrarse para siempre la separación entre el pueblo y el Gobierno.

El principio constitucional que señala el derecho del pueblo de cambiar «en todo tiempo» la forma de su gobierno no ha tenido, en la práctica, ninguna posibilidad de concretarse. Por ello, hemos considerado necesario establecer un mecanismo revocatorio como una manera efectiva de control de los mandantes sobre los mandatarios y de corrección de ineficiencias y malas prácticas, y actitudes en el ejercicio gubernamental. En consecuencia, ha sido aprobada la reforma constitucional en el Senado de la República que establece la práctica de la revocación del mandato.

También se quitaron las trabas legales para la aplicación del método de la consulta popular. Para vivir una sociedad consciente de sus deberes y derechos no basta con la posibilidad de elegir a los funcionarios; la sociedad también debe incidir en sus determinaciones. Por tal motivo, el Gobierno Federal ha sometido a consulta las decisiones estratégicas de interés nacional y, de igual forma, recaba el sentir de las poblaciones en asuntos de interés regional o local y somete a veredicto de las comunidades las acciones gubernamentales que las afecten o involucren, acatando así las disposiciones contenidas en varios artículos de la Constitución y en tratados internacionales de los que México es signatario, como el Convenio 169 de la Organización Internacional del Trabajo.

Somos partidarios del principio de mandar obedeciendo. Antes de adoptar decisiones, los gobernantes deben escuchar y tomar en cuenta a la población y actuar en consecuencia. Los servidores públicos de todos los niveles están obligados a servir, no a servirse; a desempeñarse como representanes de la voluntad popular, no como sus usurpadores; a acordar, no imponer; a recurrir siempre a la razón, no a la fuerza, y a tener siempre presente el carácter temporal de su función y no aferrarse a puestos y cargos. Además, por mis convicciones, mantengo vivos los ideales maderistas del «sufragio efectivo» y la «no reelección».

El propósito general de este Gobierno es priorizar las libertades por sobre las prohibiciones, impulsar los comportamientos éticos más que las sanciones y respetar escrupulosamente la libertad de elección de todos los ciudadanos en todos los aspectos; particularmente, en lo que se refiere a posturas políticas e ideológicas, creencias religiosas y preferenicas sexuales. A la observancia de tales libertades debe añadirse, por supuesto, el más escrupuloso respeto a la libertad de expresión.

La relación con los medios de comunicación siempre tendrá como distintivo la más completa libertad y el derecho a disentir. Atrás han quedado las componendas entre empresas informativas y Gobierno. Nadie es perseguido o censurado como pasaba en los gobiernos neoliberales. Sostenemos, como decían los liberales de la Reforma, que «la prensa se regula con la prensa». Además, nosotros, que padecimos tanto del poder y del hampa del periodismo, seríamos incongruentes y pareceríamos vengativos si actuáramos igual. Nada de eso se repetirá, nunca más casos como los de José Gutiérrez Vivó o Carmen Aristegui. El derecho a la información es una realidad. De lunes a viernes, desde las siete de la mañana, hay conferencias de prensa en las que contestamos preguntas de reporteros y analistas de los medios. Termino este tema reconociendo el papel tan destacado que tuvieron y siguen teniendo en la transformación de México las benditas redes sociales.

En el presente sexenio, estamos impulsando la búsqueda de la igualdad como principio rector: la igualdad efectiva de derechos entre mujeres y hombres, entre indígenas y mestizos, entre jóvenes y adultos, y quedarán erradicadas las prácticas discriminatorias que han perpetuado la opresión de sectores poblacionales enteros.

El paradigma que estamos construyendo se basa en la convicción de que es más fuerte la generosidad que el egoísmo, más poderosa la empatía que el odio, más eficiente la colaboración que la competencia, más constructiva la libertad que la prohibición y más fructífera la confianza que la desconfianza. Tenemos la certeza de que los principios éticos y vanguardistas de nuestro pueblo son las claves del nuevo pacto social y del modelo de desarrollo para el México que está renaciendo tras la larga y oscura noche del neoliberalismo.

5. Política exterior y solución de raíz al fenómeno migratorio

Los gobiernos neoliberales buscaron liquidar los principios históricos de la política exterior mexicana, principios que hunden sus raíces en la historia nacional y que durante el siglo XIX y buena parte del XX colocaron al país como punto de referencia y ejemplo de buena diplomacia ante la comunidad internacional. En este sexenio, el Gobierno Federal ha recuperado la tradición diplomática del Estado mexicano que tan positiva resultó para nuestro país y para el mundo, y que está expresada en la Carta Magna en los siguientes principios normativos: el respeto a la autodeterminación de los pueblos; la no intervención; la solución pacífica de controversias; la proscripción de la amenaza o el uso de la fuerza en las relaciones internacionales; la igualdad jurídica de los Estados; la cooperación internacional para el desarrollo; el respeto, protección y promoción de los derechos humanos y la lucha por la paz y la seguridad internacionales.

Actualmente, el Ejecutivo Federal ofrece cooperación, amistad y respeto para todas las naciones del mundo y, particularmente, para los países hermanos de América Latina y el Caribe. Este Gobierno ratifica su pertenencia histórica y cultural a dichas regiones e impulsa con énfasis los intercambios económicos, culturales, científicos, tecnológicos y deportivos que abonen a la causa de la integración latinoamericana. Esta disposición está siendo especialmente marcada hacia las naciones centroamericanas, con las cuales hay estrechos vínculos por vecindad, cercanía, cultura e historia compartida.

La pertenencia de México a la región de Norteamérica, junto con Estados Unidos y Canadá es, por otra parte, una realidad histórica, política y económica insoslayable. La relación con el primero de esos países, con el que comparte más de 3 000 kilómetros de frontera, está marcada por una historia de invasiones, despojo territorial e intervenciones, pero también por un intenso intercambio económico, cultural y demográfico. Nuestra pertenencia al Tratado entre México, Estados Unidos y Canadá (T-MEC, sucesor del Tratado de Libre Comercio de América del Norte, TLCAN), la compleja relación fronteriza y la presencia de unos 36 000 000 de mexicanos en territorio estadounidense y de más de 120 000 en Canadá, así como la residencia en nuestro país de cerca de 1 500 000 ciudadanos de Estados Unidos, colocan la relación con esas naciones como la mayor prioridad de la política exterior.

El Ejecutivo Federal busca que la relación bilateral con Estados Unidos se conduzca con apego al respeto mutuo, la cooperación para el desarrollo y la solución negociada a problemas comunes, entre los cuales los más significativos son, sin duda, los fenómenos migratorios de sur a norte, las situaciones adversas que enfrentan millones de mexicanos que viven en el país vecino, las expresiones de la delincuencia transnacional —el tráfico de personas y el trasiego de armas, drogas ilícitas y divisas—, así como los asuntos específicamente fronterizos y limítrofes, como las aguas fluviales compartidas.

Los gobernantes del ciclo neoliberal pretendieron hacerle creer al país que la emigración de mexicanos hacia Estados Unidos —la mayor parte de ellos sin documentos de residencia— era un fenómeno natural e inevitable, y omitieron el hecho de que la salida de poblaciones enteras de sus lugares de origen era consecuencia de las políticas económicas aplicadas por los propios gobernantes, políticas que se tradujeron en la destrucción de la industria nacional, el abandono del campo, la proliferación de la pobreza, el desempleo y la marginación, el desmantelamiento de los mecanismos de redistribución y de movilidad social y la agudización de la inseguridad y la violencia. Estos factores detonaron el éxodo de mexicanas y mexicanos hacia el norte en busca de trabajo, seguridad y horizontes de vida.

Lejos de preocuparse por resolver las causas profundas del fenómeno migratorio, el régimen oligárquico incluso llegó a alentarlo de manera explícita; por ejemplo, el expresidente Vicente Fox y su equipo consideraban mejor que la gente se fuera a Estados Unidos y hasta llegaron a proponer «un programa de capacitación para jardineros, enfermeros y especialistas en atender a adultos mayores», con el cálculo de que en Estados Unidos cada vez habrá más demanda de este tipo de trabajadores debido al envejecimiento de la población. Con semejantes consideraciones por parte de ese Gobierno, no parece casual que, durante sus primeros tres años, el flujo de emigrantes mexicanos a Estados Unidos aumentara a un nivel histórico de 480 000 personas por año, según cifras del Consejo Nacional de Población (Conapo).

Para paliar los sufrimientos, atropellos y dificultades que han padecido los mexicanos en Estados Unidos, las presidencias neoliberales mexicanas pretendieron impulsar una reforma migratoria en ese país, y para ello, recurrieron al cabildeo legislativo y a la formulación de propuestas de negociación. Pero en rigor, la política migratoria es un asunto soberano de cada país, y en ese sentido, los representantes del viejo régimen incurrieron en prácticas intervencionistas injustificables y perniciosas, por cuanto debilitaban la defensa de la soberanía propia. Y mientras abogaban por un trato digno y justo para los mexicanos en Estados Unidos, las autoridades migratorias mexicanas sometían a toda suerte de atropellos a los migrantes —nacionales y extranjeros— en el territorio nacional, demoliendo así toda autoridad moral para defender a nuestros connacionales al norte del río Bravo.

El actual Gobierno Federal defiende ahora a los mexicanos en Estados Unidos con pleno respeto a la soberanía del país vecino y con todos los instrumentos legales a su alcance; el principal de ellos es la red de consulados, que operarán como defensorías de los migrantes, en el marco de las convenciones internacionales y las propias leyes estadounidenses, a fin de prevenir o remediar las violaciones a los derechos de los mexicanos en la nación vecina. Aquí expresamos de nuevo nuestras condolencias a los familiares de las víctimas del asesinato colectivo en El Paso, Texas; reiteramos nuestra condena a ese crimen de odio motivado por el racismo y la xenofobia, así como también la exigencia de que se aplique el más severo castigo al responsable de este abominable suceso.

En materia de política migratoria hemos actualizado un cambio radical con respecto a lo que se hizo en el pasado reciente: México no insistirá más en una modificación a las leyes y normas migratorias del país vecino; en cambio, el Poder Ejecutivo Federal se ha propuesto atacar las causas profundas de la emigración, y lo está llevando a cabo mediante la creación de empleos dignos, el desarrollo regional, la edificación de un Estado de bienestar y el impulso a los procesos de construcción de la paz. El propósito de esta política es que ningún ciudadano mexicano se vea obligado a abandonar su lugar de residencia por pobreza, marginación, falta de perspectivas de realización personal o inseguridad.

Se espera que los programas sociales sectoriales tengan una incidencia concreta en el corto y el mediano plazos en la mejoría de las condiciones de vida en las principales zonas expulsoras de mano de obra, y que los proyectos regionales de desarrollo actúen como «cortinas» para captar el flujo migratorio en su tránsito hacia el norte: el impulso a la producción y refinación del petróleo, los precios de garantía para los productos del campo, el Tren Maya, Sembrando Vida, el Corredor

Transístmico y la Zona Libre de la Frontera Norte generarán empleos y condiciones de vida digna para atraer y anclar en el país a quienes huyen de la pobreza.

El objetivo central de esta política no es, como se ha querido interpretar, resolverle a Estados Unidos el problema de la llegada de migrantes, sino garantizar a estos el derecho al trabajo, a la vivienda, a la seguridad, a la educación y a la salud que su propio país les ha negado durante décadas.

El Ejecutivo Federal ha buscado involucrar en esta solución a un problema compartido a Estados Unidos y a los países hermanos de Centroamérica, que son origen de flujos migratorios crecientes. Al contrario de lo que se ha afirmado durante décadas, la emigración no es un asunto irresoluble, sino una de las consecuencias de las políticas de saqueo, empobrecimiento de las poblaciones y acentuación de las desigualdades, y sus efectos pueden contrarrestarse con desarrollo y bienestar. Mediante la negociación y el diálogo franco pretendemos comprometer a los Gobiernos de Estados Unidos y a los del llamado Triángulo del Norte centroamericano —Guatemala, Honduras y El Salvador— en la construcción de mecanismos de reactivación económica, bienestar y desarrollo capaces de desactivar el fenómeno migratorio. El propósito final de esta política es lograr que todas las personas puedan trabajar, estudiar y tener salud y perspectivas en los lugares en donde nacieron, que no se vean forzadas a abandonarlos por hambre o violencia y que únicamente emigren quienes deseen hacerlo por voluntad y no por necesidad.

Este nuevo paradigma migratorio ha sido adoptado por los Gobiernos del G-20 en la declaración final de la Cumbre de ese foro, celebrada a fines de junio pasado en Osaka, Japón. Se convalida, así, el carácter justo, pertinente y útil de la propuesta mexicana al mundo en materia de flujos migratorios.

En lo referente al trato a los extranjeros migrantes en México —ya sea que se encuentren de paso hacia el país del Norte o con propósitos de residencia en el territorio nacional—, la política del Gobierno Federal ha dado ya un giro en relación con la que había venido poniendo en práctica el régimen anterior. Si bien es cierto que el ingreso de extranjeros requiere de un proceso de registro por razones de seguridad —empezando por la de los propios interesados—, estadística e instrumentación de mecanismos de acogida, México ha retomado su tradición de país hospitalario, tierra de asilo e integrador de migraciones. El Ejecutivo Federal está aplicando las medidas necesarias para garantizar que los extranjeros puedan transitar con seguridad por el territorio nacional o afincarse en él. Es preciso adelantarse a posibles situaciones de una crisis humanitaria debida al arribo al país de flujos masivos procedentes de otras naciones, pero, sobre todo, es necesario sensibilizar a la población nacional con una campaña de erradicación del racismo, la xenofobia y la paranoia que, por desgracia, han anidado en algunos sectores de la sociedad.

6. El Estado como promotor del desarrollo

Estamos poniendo en práctica el mandato constitucional, según el cual, el Estado tiene la responsabilidad de promover y encauzar el desarrollo económico nacional. Es obvio que no puede distribuirse una riqueza inexistente y no puede repartirse lo que no se tiene. Pero tampoco debe sostenerse, en serio y con honestidad, que, si se acumula capital en unas cuantas manos, va a beneficiar a todos por contagio o por arte de magia. Es falaz la afirmación de que el Estado no debe promover el desarrollo, que debe abstenerse de procurar la distribución del ingreso y que ha de dedicarse en exclusiva a crear las condiciones que permitan a los inversionistas hacer negocios, pensando que los beneficios se derramarán automáticamente al resto de la sociedad.

Este criterio se aplicó en el Porfiriato y condujo a la Revolución. En ese tiempo, se pensaba que el Estado solo debía garantizar el orden y no intervenir en el manejo de la economía para procurar el bienestar y la felicidad de los mexicanos porque, en otras palabras, era más eficiente la iniciativa privada para alcanzar el progreso y bastaba con entregar concesiones, contratos y subvenciones; dar confianza y asegurar buenos dividendos a banqueros e inversionistas nacionales y, sobre todo, extranjeros. Quizá la mayor enseñanza del modelo económico porfirista sea que la apuesta por el progreso material sin justicia es una opción política inviable y condenada al fracaso. Su falla de origen consiste en pasar por alto que la simple acumulación de riqueza, sin procurar su equitativa distribución, produce desigualdad y graves conflictos sociales. Es falso que si les va bien a los de arriba necesariamente les irá bien a los de abajo, como si la riqueza fuera similar a la lluvia, que primero moja las copas de los árboles y después gotea y salpica a los que están debajo de las ramas.

• • •

Otro elemento básico de nuestra política es desechar la obsesión tecnocrática de medirlo todo en función del mero crecimiento. Nosotros consideramos que lo fundamental no es cuantitativo sino cualitativo: la distribución equitativa del ingreso y de la riqueza. El fin último de un Estado es crear las condiciones para que la gente pueda construir su felicidad; el crecimiento económico y los incrementos en la productividad y la competitividad no tienen sentido como objetivos en sí mismos, sino como medios para lograr un objetivo superior: el bienestar general de la población. Y preciso aún más: el bienestar material y el bienestar del alma.

El poder público debe servir, en primer lugar, al interés público, no a los requerimientos privados; y la vigencia del Estado de Derecho debe ser complementada por una nueva ética social, no por la tolerancia implícita de la corrupción. Franklin Delano Roosevelt decía: «El reto del progreso no está en añadir más a los que tienen mucho, sino en proveer lo suficiente a los que tienen muy poco». Esta concepción de la política económica ha recuperado vigencia tras los desastres creados por la aplicación del dogma neoliberal y está siendo adoptada hasta en el sector privado de algunos países del mundo capitalista. Por ejemplo, el 19 de agosto de 2019 la Asociación de Corporaciones de Estados Unidos, el Business Roundtable, luego de 50 años emitió una declaración sobre el nuevo paradigma de las empresas, explicando que, además de crear valor y utilidades para los accionistas, las corporaciones deben tener como propósito invertir en sus empleados, entrenarlos y compensarlos equitativamente; proteger el medio ambiente; tratar de manera justa a los proveedores; apoyar a las comunidades donde operan y entregar valor a sus clientes.

En fin, nuestra concepción en política económica implica comprender que lo fundamental es el bienestar en sentido amplio, no el simple crecimiento. El progreso sin justicia es retroceso. De igual forma, no se trata de crecer destruyendo el territorio, sino cuidando los bienes de la naturaleza, los cuales pertenecen a todos, incluidas, por supuesto, las generaciones futuras.

• • •

La nueva política productiva que estamos llevando a la práctica consta de cinco acciones fundamentales: apoyar la economía popular, fortalecer el mercado interno, impulsar proyectos para el desarrollo regional, fomentar la participación de la iniciativa privada e intensificar el comercio exterior y la captación de inversión extranjera.

En cuanto al fortalecimiento de la economía popular, ha sido prioritaria la recuperación del campo. Promover el desarrollo rural implica mejorar las condiciones de vida de los campesinos y fortalecer las actividades productivas, lo que a su vez forma parte de la solución a los grandes problemas nacionales.

En México existen 6 100 000 hogares rurales en poco más de 180 000 localidades de 2 500 o menos habitantes.[26] De acuerdo con el Consejo Nacional de Población, en 2017, los habitantes rurales sumaban 28 400 000 y representaban 23% de la población nacional.[27]

Un total de 6 700 000 campesinos y campesinas son poseedores del 90% del territorio nacional. Dicho grupo está conformado por 3 100 000 ejidatarios, 1 018 000 comuneros, 1 900 000 propietarios privados y 685 000 posesionarios.[28]

El campo genera, además, grandes beneficios ambientales para la población y la economía: producción de alimentos, disponibilidad de agua, aire limpio, captación de dióxido de carbono para reducir la concentración de gases de efecto invernadero, regulación climática, preservación de la diversidad biológica, conservación y regeneración de suelos y bosques, entre otros. Es obvio que primero debe atenderse a la gente, detener su empobrecimiento, mejorar las condiciones de vida en rancherías, ejidos, comunidades y pueblos y detener la emigración masiva. Desde luego, como acabamos de exponer, el medio rural presta importantes servicios ambientales, pero también debe considerarse que la producción del campo es fundamental para el desarrollo nacional. Un sector agropecuario económicamente fuerte significa muchas ventajas: alimentos y materias primas que satisfagan la demanda interna y contribuyan al equilibrio de la balanza comercial, exportación de cultivos de alta densidad económica y generación de empleos agrícolas para reducir presiones de solicitud de trabajo en el medio urbano y provocar efectos positivos o multiplicadores en otras ramas de la economía.

Esta tarea de reivindicación e impulso a las actividades productivas del campo requiere, como lo estamos haciendo, de un cambio profundo en las políticas implantadas durante varias décadas y, sobre todo, exige abandonar la concepción neoliberal, según la cual, el campo no tiene viabilidad económica y sus pobladores deben aceptar con resignación las condiciones impuestas por el mercado. Esa falsa idea partió de una premisa simplista e ineficaz: se suponía que con dejar en libertad a los agentes privados y a las fuerzas espontáneas del mercado bastaría para incrementar las inversiones de capital en el sector agropecuario, y elevar la eficiencia y la producción de alimentos y materias primas; todo ello en el marco de una apertura comercial realizada a marchas forzadas en los años 80 del siglo pasado y que fue amarrada en la década siguiente por el TLCAN con Estados Unidos y Canadá.

A partir de esta visión neoliberal, los tecnócratas aplicaron una política de apertura comercial apresurada y sin límites estratégicos que pronto provocó que los productores nacionales quedaran en abierta desventaja para competir con los del extranjero. Esto favoreció principalmente a los productores de alimentos básicos de Estados Unidos, que pueden vender más barato en nuestro país porque poseen mejor tecnología y reciben subsidios, compensaciones y créditos blandos de su gobierno, mientras en México los productores no gozan de los mismos beneficios y, más bien, fueron abandonados a su suerte.

Es cierto que la agricultura de exportación ha crecido, pero también se ha descuidado la producción para el mercado interno, al grado de que el incremento en las exportaciones no ha contrarrestado el crecimiento de las importaciones de alimentos y materias primas. El déficit en la balanza comercial agroalimentaria pasó de 694 000 000 de dólares anuales en el periodo 1980-1982, a 3 055 millones de dólares por año en el trienio 2001-2003, y a 4 365.2 millones de dólares en el trienio 2011-2013. En el periodo del TLCAN (1994-2015) se han importado alimentos por un total de 357 570.7 millones de dólares; cada año hemos tenido que destinar 16 253.2 millones de dólares de nuestra economía para comprar alimentos que podríamos estar produciendo. El saldo acumulado de la balanza comercial agroalimentaria en el periodo del TLCAN fue de −60 719.6 millones de dólares, con un déficit promedio anual de 2 760 millones de dólares.

Asimismo, es de señalar que, no obstante que la balanza comercial agropecuaria en los años recientes ha sido positiva, seguimos importando cantidades crecientes de alimentos básicos, profundizando la dependencia alimentaria del país. Tan solo en el último sexenio se importaron 120 000 000 de toneladas de granos (maíz, frijol, trigo, arroz, sorgo y soya).

Hay que recordar que por cada dólar que México importa en alimentos no solo transfiere al exterior pocas divisas que podrían utilizarse para otros fines, sino que pierde empleos rurales al subutilizar sus recursos naturales, reducir los ingresos campesinos y aumentar la pobreza rural. Perdemos, además, efectos multiplicadores de la actividad agropecuaria sobre la producción, el empleo y la inversión en todas las ramas de la economía. Debemos subrayar que, a causa del deterioro agropecuario, hemos perdido empleos rurales. En 1993, la población ocupada en el sector agropecuario era de 8 842 774 personas, en 2003 se redujo a 6 813 644 y para 2016 bajó aún más al llegar a 6 537 180 personas.[29] En consecuencia, la emigración del campo hacia las grandes ciudades y el extranjero se ha incrementado.

Quizá lo más grave de todo este panorama sea la creciente emigración de mexicanos a Estados Unidos. El abandono del campo no dejó otra alternativa. Millones de compatriotas, por necesidad, han debido abandonar sus comunidades de origen. En los últimos tiempos, México se convirtió en uno de los países que más mano de obra expulsa al extranjero. Este fenómeno socioeconómico se ha sobrepuesto, incluso, al profundo arraigo cultural prevaleciente en comunidades indígenas y campesinas del sur del país. Antes, la emigración era fundamentalmente de los estados del norte y del centro. En los últimos 20 años, los campesinos de estados como Veracruz, Chiapas y Tabasco, sobre todo los jóvenes, optaron por emigrar, y en muchas comunidades, como sucede también en otras entidades, se quedaron solamente los niños, las mujeres y los ancianos.

Es necesario decir que, luego de la India y China, México es el país que más remesas recibe de los connacionales que viven y trabajan en Estados Unidos. Es digno de reconocer a los migrantes mexicanos que se han convertido en auténticos héroes vivientes, pues salieron como exiliados en busca de mejores condiciones de vida y trabajo y, ahora, la ayuda económica que envían a sus familiares —este año de 35 000 millones de dólares— es la principal fuente de ingresos de nuestro país. Sin embargo, la emigración no debe ser la alternativa de México, sino el desarrollo del país que permita a los mexicanos trabajar, progresar y ser felices donde nacieron, donde están sus familiares, sus costumbres y su cultura.

Esto es posible si se acaba con la corrupción, como estamos empeñados en lograrlo, si se gobierna con mística y con amor al pueblo, y si se aprovecha todo el esplendor y la grandeza de México. No olvidemos que, como en pocos países, poseemos recursos naturales en abundancia, nuestro pueblo es de los más trabajadores del mundo y, a pesar de todo, se conserva un profundo amor por la tierra y una clara vocación productiva. Es cosa de imaginar cuánto conocimiento acumulado por siglos poseen los indígenas y campesinos de México. Sin embargo, el desprecio por toda esta sabiduría fue la constante durante el periodo neoliberal o neoporfirista. Quienes manejaban la política económica nunca miraron hacia el campo. Todavía retumba la sentencia de Pedro Aspe, exsecretario de Hacienda de Salinas, cuando afirmó que «en un mundo globalizado, no había necesidad de fomentar al sector agropecuario porque se podía adquirir afuera todo lo que se necesitara y podría costar más barato». Los resultados de esta manera de pensar, simplista e irresponsable, son evidentes: por el abandono del campo se cayó la producción y se produjo migración, desintegración familiar, descomposición social y, por ello, en gran medida, se desató la inseguridad y la violencia.

Obviamente, aceptar semejante insensatez y continuar con lo mismo sería como rendirnos o renunciar a nuestra capacidad de desarrollo soberano. Estamos conscientes de que no es fácil revertir el profundo deterioro del campo: es mucho el atraso, el abandono y la miseria. Pero también creemos que con una acción gubernamental decidida y eficaz en favor del medio rural y sus pobladores, será posible revertir la devastación y dar paso al progreso, al fortalecimiento cultural y al bienestar social.

De manera puntual explico qué estamos haciendo:

- Se entrega, en forma directa, un apoyo económico para la siembra a 1 800 000 ejidatarios, comuneros y pequeños propietarios; esto incluye a integrantes de comunidades indígenas y a los cultivadores de caña y café.

- Se protege de prácticas aranceralias injustas a productos agropecuarios de alta densidad económica y comercial. Desde hace décadas, México se ha ganado un lugar en el mercado mundial en cuanto a la exportación de café, aguacate, jitomate, melón, mango y otros numerosos productos hortícolas y frutícolas. En especial, el Gobierno mantiene un eficaz programa fitosanitario para el control de plagas y enfermedades en alimentos y materias primas del sector agropecuario.

- Se corrigió el vicio del acaparamiento de los subsidios por unas cuantas empresas agropecuarias. A su vez, los apoyos a los productores se entregan de manera directa y no a intermediarios o a representantes de organizaciones sociales, civiles o a las llamadas «no gubernamentales».

- Estamos procurando aumentar el crédito al sector agropecuario por medio de la banca nacional de desarrollo, pero también a través de la banca comercial con garantías de la

Hacienda Pública. Asimismo, se está fortaleciendo y limpiando el sistema del seguro agropecuario, evitando la concentración de este apoyo en pocos productores o empresas.

- Se está invirtiendo en la construcción y terminación de obras de infraestructura agrícola. Están en proceso de ejecución presas y canales de riego en los estados de Jalisco, Nuevo León, Sonora, Michoacán, Nayarit y Sinaloa, entre otros.

- Se inició el Programa Crédito Ganadero a la Palabra, que consiste en entregar novillonas, vacas y sementales a ejidatarios y pequeños propietarios con el compromiso de que pagarán en tres años con las crías producidas, sin intereses.

- Sembrando Vida es un programa dirigido a las y los sujetos agrarios para impulsar su participación efectiva en el desarrollo rural integral. Cubre los estados de Campeche, Chiapas, Chihuahua, Colima, Durango, Guerrero, Hidalgo, Michoacán, Nayarit, Oaxaca, Puebla, Quintana Roo, San Luis Potosí, Sinaloa, Tabasco, Tamaulipas, Veracruz y Yucatán. Incentiva a establecer sistemas productivos agroforestales, combinando la producción de los cultivos tradicionales con árboles frutícolas y maderables mediante el sistema de Milpa Intercalada con Árboles Frutales (MIAF), con lo que se contribuye, como ya lo hemos dicho, a generar empleos, se incentiva la autosuficiencia alimentaria, se mejoran los ingresos de las y los pobladores y se recupera la cobertura forestal de un millón de hectáreas en el país.

En este programa se beneficia a quienes habitan en localidades rurales y, por lo general, tienen un ingreso inferior a la línea de bienestar rural, y que son propietarios o poseedores de 2.5 hectáreas disponibles para proyectos agroforestales. Los favorecidos reciben un ingreso mensual de 5 000 pesos, así como apoyos en especie para la producción agroforestal (plantas, insumos, herramientas) y acompañamiento técnico para la implementación de sistemas agroforestales. Los técnicos del programa comparten conocimientos y experiencias con los campesinos y aprenden de la sabiduría de las personas que han convivido con la naturaleza y con el territorio desde siempre. La importancia de esta acción transformadora es fundamental. El plan es sembrar un millón de hectáreas para darles trabajo a más de 400 000 sembradores; este año se avanza en 575 000 y se han creado más de 230 000 empleos permanentes. Además, se ha logrado arraigar a los campesinos jóvenes a la tierra; se atempera el fenómeno migratorio; y se produce madera, frutas y alimentos. Se rehabilitará la selva y el bosque y se rescatará y protegerá la flora y la fauna nativa. En fin, tal y como lo indica el nombre del programa: se siembra vida.

- Un punto central para el desarrollo agropecuario y la conservación del medio ambiente es la definición de una política clara para el acopio, manejo y distribución del agua. Al respecto, evitamos la sobreexplotación de los mantos acuíferos; impulsamos el crecimiento poblacional hacia el sureste, donde se cuenta con el 70% del agua del país; reconvertimos cultivos en otros de menor consumo de agua; y construimos presas y canales, incluida la tecnificación y el revestimiento de la infraestructura existente de riego para aprovechar mejor el uso del agua.

- Ha quedado prohibido el uso de semillas de maíz transgénico y la explotación de hidrocarburos mediante la práctica del *fracking*.

- Con criterios de conservación y sustentabilidad, se está fomentando la actividad pesquera y la acuacultura. México posee 235 000 kilómetros cuadrados de aguas nacionales (ríos, lagunas, arroyos y acuíferos), 11 200 kilometros de litorales y 3 231 813 kilómetros cuadrados de mar territorial, recursos que pueden utilizarse de forma racional y óptima para generar crecimiento económico, poner al alcance de la población proteínas de buena calidad a bajos precios, crear empleos y mejorar las condiciones de vida de las comunidades costeras y ribereñas del país. Este plan ya inició con el apoyo a pescadores, mediante la simplificación de trámites para la obtención de permisos de pesca, con reglas de sustentabilidad y ayuda económica directa a pescadores.

- Este año, fue creado en mi Gobierno el organismo público descentralizado denominado Seguridad Alimentaria Mexicana (Segalmex) encargado de administrar la política de precios de garantía y, simultáneamente, atender aspectos relacionados con el abasto popular. Este nuevo organismo

> coordina las acciones de Diconsa en lo tocante a tiendas populares y Liconsa en lo referente al acopio, industrialización y distribución de leche a las clases populares.

Se establecieron los siguientes precios de garantía: maíz: 5 610 pesos, más 150 pesos de apoyo para flete por tonelada, beneficio dirigido a productores de hasta cinco hectáreas y que cubre la adquisición de 20 toneladas. Estos parámetros garantizan que el beneficio cubra prácticamente toda la cosecha del 100% de los campesinos más necesitados del país. Frijol: 14 500 pesos por tonelada para productores de 20 hectáreas de temporal o cinco de riego con límite de compra de hasta 15 toneladas. Desde enero de 2019, se adquirieron a este precio las cosechas que, si bien no se sembraron atraídas por este precio, ya estaban listas al empezar el gobierno, y era de justicia comprarlas. En octubre de 2019 se amplió el rango de hectáreas admisibles por productor de 20 a 30 hectáreas. En principio, esta medida se tomó para aliviar la situación económica de los campesinos afectados por una severa sequía y en atención también a que, aun en condiciones normales, esas hectáreas permiten a más productores necesitados alcanzar las 15 toneladas garantizadas por Segalmex.

En los dos productos anteriores se busca, básicamente, ayudar a los campesinos marginados. El límite de hectáreas por productor tiene precisamente esa finalidad. Una característica de este tipo de precios de garantía es que el subsidio no es generalizado, es decir, no está dirigido ni a todos los productores ni a la totalidad de las cosechas. Esto es así porque, cuando los subsidios son generalizados, benefician a quienes los necesitan, pero también a quienes no los necesitan. Aquí puede verse en acción el principio de que *por el bien de todos, primero los pobres.*

En cuanto al trigo panificable y al arroz, la finalidad principal es la autosuficiencia alimentaria, es decir, no depender, como hoy ocurre, de las importaciones. Actualmente, alrededor del 80% del pan que comemos se hace con trigo extranjero, y en cuanto al arroz, se importa un porcentaje incluso superior, lo cual coloca al país en un estado inadmisible de vulnerabilidad. Por ello, se establecieron precios estimulantes para estos productos, pero sin limitar las hectáreas admisibles. Todo el mundo puede concurrir a incrementar la producción de estos productos básicos y la respuesta de los productores ya se muestra sumamente estimulante. Los precios establecidos son los siguientes: trigo panificable: 5 790 pesos por tonelada con límite de compra de hasta 100 toneladas por productor; arroz: 6 120 pesos por tonelada con límite de 120 toneladas adquiribles.

Finalmente, está el caso de la leche, en el que también se advierte un inadmisible desprecio hacia muchos pequeños y medianos productores (de una hasta cien vacas) a los que se ha llegado a comprar el litro a precios cruelmente bajos. Segalmex, a través de Liconsa, fijó el siguiente precio de la leche: 8.20 pesos por litro, calculando un promedio de 15 litros por vaca, precio que empezó a aplicarse desde el primero de enero de 2019.

Pronto se descubrió que el padrón de lecheros a los que compraba Liconsa era insuficiente porque, a través de diversas formas de simulación, muchos ganaderos que no eran ni pequeños ni medianos se beneficiaban de su precio preferencial. Para corregir esta situación se dispuso hacer un nuevo censo de productores que no se limitó a la revisión de documentos y registros. Literalmente se visitó a los lecheros en sus establos y se contaron las vacas, lo que permitió identificar a quienes necesitan el precio preferencial. Corrió la voz de este nuevo padrón y se encontró que, más allá del área donde ya se tenían centros de acopio de Segalmex-Liconsa, había muchos productores que deseaban venderle a este sistema. El resultado fue que la presencia de Liconsa ha pasado de 11 estados a 26 (más del doble), de 5 100 lecheros a aproximadamente 20 000 (cuatro veces más), y que se abrirán más de 35 nuevos centros de acopio que se sumarán a los 44 originales, llegando a cerca de 80, para atender la demanda existente. Se estima que la producción que se captará será del orden de 300 000 000 de litros adicionales por año. Este estímulo hace que gradualmente pueda seguirse reduciendo la importación de leche en polvo, que ya en 2019 fue de 27 036, casi la mitad de 2018.

Un dato adicional de los precios de garantía, tanto en granos como en leche, es que en todos los casos se paga directamente al productor, sin intermediación alguna, y de la manera más rápida posible, es decir, inmediatamente. Cuando hay un aplazamiento, es de unos cuantos días, y no por ineficiencia del sistema, sino, generalmente, por complicaciones en las cuentas bancarias. Los incrementos que representan los precios de garantía sobre los del mercado son muy significativos: 40% en maíz, 38% en trigo panificable, 45% en arroz y 25% en frijol. Esto ha sido aceptado con gran beneplácito de los productores beneficiados y sin causar distorsiones en el funcionamiento de los mercados de estos productos a nivel de consumidores.

Otra acción social del nuevo Gobierno ha sido distribuir a bajo precio una canasta de alimentos y productos básicos. No obstante, la importancia del Programa de Abasto Rural y su cobertura —creado hace 40 años y que consiste en, aproximadamente, 300 almacenes y 26 000 tiendas—, hay que reconocer que en algunos sitios se vio afectado por diversas desviaciones, de las cuales la más relevante consiste en que, en algunas tiendas, diversos productos se vendían a un precio más alto que en el comercio privado, lo cual, con un subsidio de por medio, es inaceptable. Por ello, a partir de octubre de 2019 se adoptaron varias medidas, entre las que destacan las siguientes:

- La canasta básica se integrará solo por aquellos productos altamente prioritarios o básicos. Diconsa mantendrá actualizada la lista de dichos productos.

- Diconsa hará las compras directamente a los productores o fabricantes sin la participación innecesaria de empresas comercializadoras que perciben una comisión.

- Las compras de Diconsa se realizarán al mayoreo, lo que lógicamente también permitirá reducir los precios de la canasta básica.

- Se establecerán precios máximos para los productos de la canasta básica en las tiendas del sistema, los cuales se indicarán en listas que deberán estar permanentemente a la vista. Cuando, de manera reiterada, no se respeten tales precios, se suspenderá el abasto subsidiado.

- Cuando ante un mismo producto, marca o calidad haya productos regionales más baratos, se dará preferencia a estos últimos.

- Necesariamente, las compras se harán de manera regional cuando se trate de productos como café en grano, tostado o molido; frutas y verduras; crema; miel de abeja; quesos; huevo fresco y pescado seco; entre otros que se justifiquen.

- Se asegurará el abasto de maíz, como principal producto, al precio más bajo. Cabe decir que en las tiendas comunitarias de Diconsa se vende en cinco pesos el kilo, precio inferior al de garantía.

- Solo se venderá leche Liconsa y se excluirán las fórmulas lácteas que no sean 100% leche.

- Las tiendas comunitarias podrán vender, por su cuenta y con sus propios recursos, productos distintos de los de la canasta básica, que son los únicos con apoyo económico de Diconsa.

- Se dispuso dotar a las tiendas del sistema con terminales y punto de venta para la realización de muy diversas transacciones económicas, entre las que figuran las transferencias provenientes de los paisanos que trabajan allende nuestras fronteras. Se espera que las primeras quinientas estén funcionando antes de que concluya el año 2019.

Estas son las primeras medidas adoptadas en el sistema Segalmex, Diconsa y Liconsa, pero no serán las únicas. Es tan grande el rezago de una economía que dio la espalda a los principios morales de justicia social que la realidad obligará, muy probablemente —y según lo permitan las capacidades económicas del país—, a nuevas acciones. Una economía no ajena a los principios éticos obliga a una revisión constante.

Esta visión de desarrollo agropecuario, forestal y pesquero no es nostálgica ni pretende inducir una regresión a prácticas clientelares. Es una exigencia de futuro establecer un modelo nuevo e incluyente que rescate al campo, a los campesinos y a los pescadores, que los revalore como sector viable de la producción y como garante de la autosuficiencia alimentaria y la seguridad laboral; como base de una sociedad solidaria e incluyente; como sustento de los recursos naturales y la biodiversidad; como laboratorio cultural; como matriz de nuestra identidad; como condición de la gobernabilidad democrática.

Estamos rescatando al campo del abandono al cual fue condenado por la política neoliberal y una vez que se obtenga más crecimiento económico, cuando se fortalezcan las finanzas públicas, se apoyará aún más a los productores nacionales con subsidios y créditos para alcanzar la soberanía alimentaria y dejar de comprar en el extranjero lo que consumimos. Con ello, se arraigará a la gente en sus comunidades y se generarán empleos rurales que ayuden a contener la migración. Aquí pongo de manifiesto que, al mismo tiempo, estamos rescatando a Pemex, con inversión pública y mediante la disminución de sus impuestos, para aumentar en los dos próximos años la producción de petróleo, y estamos contemplando que, en la segunda mitad del sexenio, esta empresa pública se convertirá en palanca del desarrollo nacional; es decir, con los excedentes del petróleo se podrá invertir más en el medio rural. En síntesis, se trata de sembrar el petróleo en beneficio de las nuevas generaciones.

En fin, no podemos dejar de considerar que el campo es mucho más que tierras para la producción agropecuaria y forestal: abarca un conjunto diverso e interrelacionado de patrimonios territoriales de importancia estratégica actual y potencial para el país. Suelos, agua, costas, biodiversidad, recursos genéticos, minerales, conocimientos tradicionales, bellezas naturales, activos históricos y culturales son recursos en extremo valiosos si pensamos no solo en lo material. En el campo aún existe una forma de vida sana, llena de valores morales y espirituales. Regresar al campo significa fortalecer una identidad cultural de la más alta calidad humana.

• • •

Como complemento al fortalecimiento de la economía popular, estamos entregando créditos a la palabra con el programa Tandas para el Bienestar. Hasta el día de hoy, se han otorgado 356 500 créditos, sin intereses ni papeleos, a pequeños comerciantes, empresarios, artesanos y a quienes se ganan la vida como pueden. Agrego que un millón de pequeños negocios están contemplados para recibir el beneficio de un crédito a la palabra para la adquisición de insumos y herramientas. El objetivo de este programa es mejorar las condiciones de pequeñas unidades económicas con el fin de fortalecer la economía con un enfoque de justicia social. Los créditos iniciales son de 6 000 pesos, y al término de un año, si el crédito ha sido pagado, el beneficiario podrá acceder a otro préstamo por 10 000 pesos; en el siguiente ciclo, la cantidad financiada será de 15 000 pesos y el tope será de 20 000 pesos. El Gobierno Federal ha decidido destinar hasta más de 2 000 millones de pesos para financiar este programa.

• • •

En los municipios de Oaxaca, avanza la construcción de caminos de concreto: 45 de ellos están en proceso y el año próximo se abrirán 50 frentes más. Nosotros entregamos los recursos a las autoridades de usos y costumbres, ellos manejan con honestidad el presupuesto y se da empleo a mujeres y hombres de los mismos pueblos. Con estas pequeñas, pero importantes obras, se aminora la migración y se fortalece la vida familiar y comunitaria.

Debe reconocerse que un factor principal para el fortalecimiento de la economía promovida desde abajo, con la gente y para la gente, ha sido la aportación de nuestros héroes vivientes: los migrantes mexicanos, quienes en los primeros ocho meses de este año enviaron remesas a sus familiares por 23 899 millones de dólares, el monto más alto de la historia.

• • •

Una de las tareas centrales del actual Gobierno Federal es impulsar la reactivación económica y lograr que la economía vuelva a crecer a tasas aceptables. Para ello, estamos fomentando la industria nacional, mediante créditos de la Banca de Desarrollo para impulsar la producción de manufacturas y sustituir importaciones. También estamos facilitando el acceso al crédito de las pequeñas y medianas empresas, que constituyen el 70% de las unidades de producción del sector secundario, y generan 8 960 456 empleos en el sector formal de la economía. De igual modo, estamos empeñados en fortalecer el mercado interno, lo que se está consiguiendo con una política de recuperación salarial y una estrategia de creación masiva de empleos productivos, tanto en el campo como en la industria de la construcción.

Aquí conviene recordar el plan del Partido Liberal del movimiento radical magonista, publicado en 1906, en Toronto, Canadá; el documento es espléndido, apegado a la realidad, propositivo, innovador y de inspiración democrática. Es uno de los programas de mayor trascendencia en la historia de México que debería conocerse ampliamente, aunque no es en vano hacer una breve reseña y resaltar la peculiar y atinada visión de los magonistas para impulsar el crecimiento económico mejorando la capacidad de consumo de la gente y fortaleciendo el mercado interno.

Para empezar, el programa propone un cambio de fondo: sustituir la dictadura por una auténtica democracia. Luego, abarca todos los aspectos de la vida pública y enlista «las principales aspiraciones del pueblo y sus más urgentes necesidades»: el sufragio efectivo, la no reelección, la libertad de prensa, el otorgamiento del amparo sin dilación, la pronta impartición de justicia, la abolición de la pena capital, la desaparición de los jefes políticos y, en contraparte, el fortalecimiento de la autonomía municipal, la sustitución de las cárceles por colonias penitenciarias para la regeneración de los reclusos, la eliminación del servicio militar obligatorio o «leva», la unión de los países latinoamericanos para defenderse ante abusos de las potencias, la reafirmación de las Leyes de Reforma y el apego estricto a la Constitución, la libertad religiosa, la educación laica, el aumento de escuelas públicas, sueldos justos a los maestros y atención especial a la enseñanza de artes y oficios. Asimismo, propone reducir los impuestos, aplicar descuentos a quienes rentan y hacen mejoras en casas y cuartos de vecindades, y declarar iguales ante la ley a hijos legítimos y naturales y a hombres y mujeres.

El programa contiene, además, una amplia y detallada propuesta económica y social en la que se equilibran libertad y prosperidad, se postula el respeto al derecho de propiedad, se tiene como objetivo «aumentar el volumen de riqueza general» y se propone lograr el desarrollo nacional, en particular el de la agricultura y la industria, mediante la intervención de un Estado democrático que distribuya la riqueza, tomando en cuenta el criterio de mejorar los ingresos y el consumo de la gente para fortalecer el mercado interno. De manera clara y convincente, aquellos liberales argumentaron:

> Los pueblos no son prósperos sino cuando la generalidad de los ciudadanos disfruta de siquiera relativa prosperidad. Unos cuantos millonarios, acaparando todas las riquezas y siendo los únicos satisfechos entre millones de

> hambrientos, no hacen el bienestar general, sino la miseria pública, como lo vemos en México. En cambio, el país donde todos los más pueden satisfacer sus necesidades será próspero con millonarios o sin ellos. El mejoramiento de las condiciones del trabajo, por una parte, y por otra, la equitativa distribución de las tierras con las facilidades de cultivarlas y aprovecharlas sin restricciones producirán inapreciables ventajas a la nación. No solo salvarán de la miseria ni procurarán cierta comodidad a las clases que directamente reciben el beneficio, sino que impulsarán notablemente el desarrollo de nuestra agricultura, de nuestra industria, de todas las fuentes de la pública riqueza, hoy estancadas por la miseria general. En efecto, cuando el pueblo es demasiado pobre, cuando sus recursos apenas le alcanzan para mal comer, consume solo artículos de primera necesidad, y aun estos en pequeña escala. Cuando los millones de parias que hoy vegetan en el hambre y la desnudez coman menos mal, usen ropa y calzado y dejen de tener petate por todo ajuar, la demanda de mil géneros que hoy es insignificante aumentará en proporciones colosales, y la industria, la agricultura, el comercio, todo será materialmente empujado a desarrollarse en una escala que jamás se alcanzaría mientras subsistieran las actuales condiciones de miseria general.[30]

En verdad que tenían razón y, acorde con los nuevos tiempos, estamos aplicando una política de fortalecimiento del consumo popular y del mercado interno.

De manera concreta expongo lo siguiente: en los primeros nueve meses de este año, con datos del Instituto Mexicano del Seguro Social se han creado más de 488 061 nuevos empleos, sin considerar los generados por los programas Sembrando Vida, Jóvenes Construyendo el Futuro, la construcción de caminos de mano de obra y otros que, en conjunto, superan el millón de empleos adicionales. El salario mínimo aumentó este año 16%, como nunca en 36 años de neoliberalismo y, según el IMSS, en septiembre, el promedio del salario obtenido por los 20 567 426 afiliados a esa institución fue de 11 391 pesos mensuales, la tercera cantidad más alta registrada en toda la historia.

• • •

En cuanto a proyectos impulsados por el Estado para el desarrollo regional, explico que, con estricto apego a criterios de sostenibilidad, hemos iniciado los estudios de ingeniería básica del Tren Maya, que estarán terminados el 13 de diciembre de este año para llevar a cabo la licitación de la construcción de esta importante obra que beneficiará a los estados de Quintana Roo, Yucatán, Campeche, Tabasco y Chiapas.

En cuanto al desarrollo integral del Istmo de Tehuantepec, se trabaja ya en la ampliación del puerto de Salina Cruz; se hará lo mismo con el de Coatzacoalcos. También inició la modernización de las vías del tren de carga de contenedores que conectará las costas del océano Pacífico con las del golfo de México. Se ha llevado a cabo la consulta a las comunidades para su aceptación e integración al proyecto y se están atendiendo sus demandas. Tengamos presente que esta angosta franja de 230 kilómetros de nuestro territorio será una vía de comunicación parecida al Canal de Panamá y con mayores ventajas: tendremos disponibilidad de gasolinas y diésel de las refinerías de Salina Cruz y Minatitlán; se utilizarán los ductos ya existentes de Pemex para transportar gasolinas, diésel y gas, y ya se cuenta con energía eléctrica. A ello debe agregarse que se establecerá en el istmo una zona libre o franca. Además, se reducirán los impuestos y el precio de los energéticos para propiciar la instalación de parques industriales que generen suficientes empleos y buenos salarios.

Nos llevó algún tiempo cancelar los compromisos contraídos en la pasada administración para la construcción del aeropuerto en el lago de Texcoco, pero afortunadamente ya se liquidaron bonos y todos los contratos pendientes con las empresas. Aun con el costo que implicó abandonar este proyecto, estoy convencido de que fue la mejor decisión, y menciono algunas razones: en ese sitio la terminal aérea habría estado condenada a sufrir hundimientos; se evitó la destrucción del lago Nabor Carrillo, asiento de aves migratorias; no se cerrarán ni el acutal aeropuerto ni el de Santa Lucía, como estaba previsto en el proyecto de Texcoco, dada la tarea en que se trazaron las nuevas pistas y por la invasión del espacio aéreo; la saturación del actual aeropuerto se resolverá en tres años, que será menos tiempo que el que nos habría tomado concluir la obra de Texcoco, con una solución de largo plazo, de mejor calidad, sin corrupción, con cinco pistas en vez de tres y con un ahorro de más de 100 000 millones de pesos para el pueblo de México. Con este propósito, estamos avanzando en la creación del sistema aeroportuario de la Ciudad de México, que incluye la rehabilitación del actual aeropuerto Benito Juárez, la plena utilización del de Toluca y la construcción del nuevo aeropuerto General Felipe Ángeles en lo que es hoy la base aérea de Santa Lucía.

Desde enero pasado, se inició el programa de la zona libre o franca a lo largo de los 3 180 kilómetros de frontera con Estados Unidos. En dicha franja se redujo el Impuesto Sobre la Renta (ISR) al 20%; el Impuesto al Valor Agregado (IVA) pasó del 16 al 8%; los combustibles se abarataron y aumentó al doble el salario mínimo.

Se creó la empresa CFE Telecomunicaciones e Internet para Todos, filial de la CFE, y se obtuvo la concesión para ofrecer servicio de internet sin fines de lucro en todo el país. En octubre comenzaron los trabajos para comunicar por este medio a 13 500 centros integradores de servicios y a 166 000 pueblos marginados del país.

Es un orgullo informar que, por primera vez en 14 años, detuvimos la caída progresiva en la producción de petróleo. En 2018, la producción disminuyó en 200 000

Comportamiento diario de producción de aceite en PEP

Del 1 de enero de 2018 al 30 de septiembre de 2019

Miles de barriles diarios

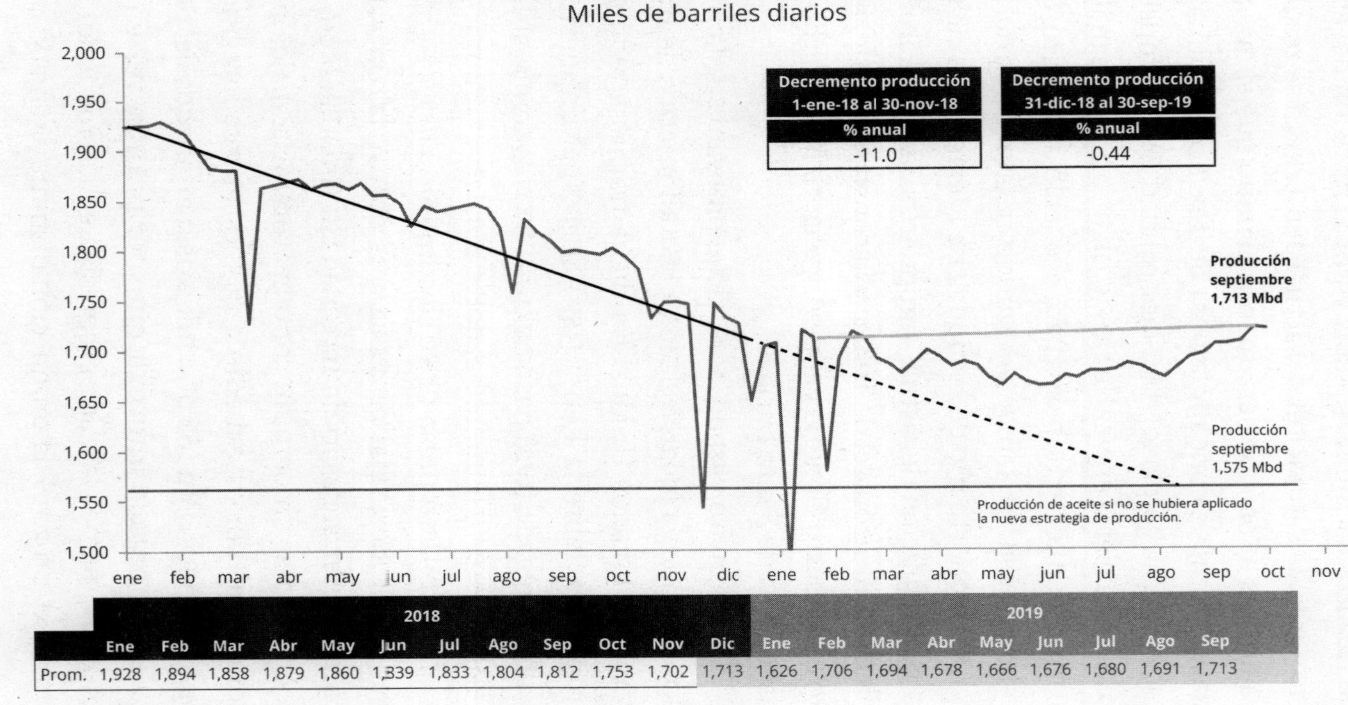

	2018												2019								
	Ene	Feb	Mar	Abr	May	Jun	Jul	Ago	Sep	Oct	Nov	Dic	Ene	Feb	Mar	Abr	May	Jun	Jul	Ago	Sep
Prom.	1,928	1,894	1,858	1,879	1,860	1,339	1,833	1,804	1,812	1,753	1,702	1,713	1,626	1,706	1,694	1,678	1,666	1,676	1,680	1,691	1,713

Fuente: Pemex

barriles diarios, y en nueve meses que llevamos en el Gobierno no hemos perdido producción; por el contrario, en diciembre contaremos con 50 000 barriles diarios adicionales.

• • •

También se están rehabilitando las seis refinerías del país y, en lo que va del presente año, la producción de estas plantas aumentó del 32% al 40% de su capacidad. Asimismo, ya se licitó y se otorgaron los contratos a las empresas que han comenzado a construir la nueva refinería de Dos Bocas, Paraíso, Tabasco.

En materia de obra pública, estamos dando prioridad a la conservación de infraestructura y a la terminación de obras en proceso. La inversión para la construcción y el mantenimiento de carreteras y caminos rurales es de 42 500 millones de pesos; de este monto, 20 000 millones se destinan a la conservación de la red de carreteras del país, algo que nunca había sucedido. Concluyó la construcción del Túnel Emisor Oriente, que tomó más de diez años y significó una inversión total de 32 189 millones de pesos; con esta obra se evitarán inundaciones en una buena parte del Valle de México. También se terminará este año el Tren Ligero de Guadalajara y se continúa construyendo el de Toluca-Ciudad de México.

• • •

La participación de la iniciativa privada en el desarrollo de México es necesaria y es una realidad. En junio de 2019 firmamos, con las organizaciones del sector privado, un acuerdo para hacer efectivo un verdadero Estado de Derecho, combatir la corrupción e impulsar el crecimiento económico. El Consejo Mexicano de Negocios se comprometió a invertir este año 32 000 millones de dólares. Destaco, también, que la CFE llegó a un arreglo con las empresas nacionales y extranjeras que construyeron ductos para el transporte de gas. Luego de largas y pacientes negociaciones, se acordó reconocer los contratos suscritos por la pasada administración, pero se redujo la tarifa y se obtuvo un ahorro de 4 500 millones de dólares para la CFE. De esta manera, se logró evitar los procesos legales que estaban por iniciar en tribunales internacionales. Las empresas aceptaron el principio de que el interés nacional debe estar por encima del particular, por legítimo que este sea. Agradezco la colaboración de Carlos Slim, presidente de Grupo Carso, y la importante intermediación de Carlos Salazar y Antonio del Valle, representantes del Consejo Coordinador Empresarial y del Consejo Mexicano de Negocios. Asimismo, destaco la postura firme y a la vez propositiva de Manuel Bartlett, director general de la CFE. Con este arreglo queda garantizado el abasto de gas para los próximos 20 años, materia prima fundamental para la generación de energía eléctrica y el desarrollo de México.

• • •

En cuanto a la llegada de inversión extranjera, vamos bien. En los primeros seis meses de este año se captaron 18 000 millones de dólares, la cifra semestral más alta de la historia. De enero a septiembre de 2019, las exportaciones sumaron más de 344 000 millones de dólares, un incremento en relación con el mismo periodo del año pasado del 3%. Además del incremento en las remesas, este año el turismo ha crecido más que en 2018: de enero a agosto de 2019 llegaron 29 800 000 turistas internacionales a México, 7.6% más que en el mismo periodo del año pasado. Asimismo, en este lapso, la derrama económica en este sector fue de de 15 666 millones de dólares, 13.5% más que antes. Aquí quiero destacar la eficaz y oportuna intervención de la Secretaría de Marina para mantener libres de sargazo las playas del Caribe mexicano.

Ya somos el principal socio comercial de Estados Unidos y consideramos que se aprobará en el Congreso de ese país y en el de Canadá el nuevo tratado comercial, con lo que se fortalecerá la economía de América del Norte.

7. Finanzas públicas sanas

El Gobierno de la Cuarta Transformación recibió la pesada herencia de una deuda pública de 10.5 billones de pesos, resultado de la irresponsabilidad y la corrupción de los gobiernos del régimen anterior, lo que obliga a destinar 749 000 millones de pesos del presupuesto para pagar el servicio de esa deuda. Sin embargo, con la fórmula de acabar con la corrupción y reducir el costo del Gobierno a la sociedad, estamos logrando nuestro propósito de financiar el presupuesto sin aumentar impuestos en términos reales, sin cobrar más por los combustibles y sin continuar endeudando al país, es decir, en este sexenio no se recurrirá al endeudamiento para financiar los gastos del Estado ni para ningún otro propósito. Cuando recibimos el gobierno, el 1 de diciembre del año pasado, la deuda pública representaba el 44.9% del PIB, y al 31 de octubre de este año era de 42.8%. Esto no significa que así cerremos el año, pero aun con el supuesto de bajo crecimiento y depreciación del peso en los dos últimos meses, la deuda no aumentará en términos reales.

Como norma, no se gastará más dinero del que ingrese a la Hacienda Pública. Los recursos destinados a financiar los programas sociales provienen de lo que se ahorra con el combate a la corrupción y la eliminación de gastos suntuarios; hacia el futuro, pensamos que la Hacienda Pública se fortalecerá con una mejor rentabilidad del sector energético y un mayor crecimiento económico, y reitero: en materia de política monetaria, el Gobierno Federal respetará la autonomía del Banco de México.

No ha habido incrementos de impuestos en términos reales ni aumentos a los precios de los combustibles por encima de la inflación. Tanto estos como las tarifas eléctricas se reducirán hacia mediados del sexenio, cuando se terminen las obras de la nueva refinería de Dos Bocas, se concluya con la rehabilitación de las ya existentes y se recupere la capacidad de generación de la Comisión Federal de Electricidad. Al mismo tiempo, la Secretaría de Hacienda y Crédito Público, por medio de la Unidad de Inteligencia Financiera (UIF) y del Sistema de Administración Tributaria (SAT), combate con rigor la evasión fiscal —que es, a fin de cuentas, una modalidad de la corrupción— y se abstiene de conceder créditos, exenciones y otros beneficios que solían otorgarse, como ya hemos visto, en forma consuetudinaria a los causantes mayores e influyentes.

En el segundo trimestre del año, el país obtuvo un superávit de 5 143 millones de dólares en su cuenta corriente, el mayor desde que se iniciaron los registros en 1980. La nueva política económica significa mantener finanzas públicas equilibradas, sanas y no deficitarias. Al cierre de este año, cumpliremos con la meta de superávit primario del 1% del PIB. En septiembre, la inflación anual fue de 3%, la más baja desde diciembre de 2016. Durante el tiempo que llevamos en el Gobierno, el peso ha resistido fuertes presiones externas y se ha mantenido estable en relación con el dólar, mientras la mayoría de las monedas emergentes se han depreciado. Incluso, nuestra moneda se ha fortalecido en 4% con relación al dólar.

El costo de financiamiento para Pemex está bajando. En noviembre de 2018, la tasa de rendimiento de un bono a diez años era de 7.83%; a finales de octubre de este año bajó a 5.97%. De diciembre de 2018 a octubre de 2019, las reservas internacionales han crecido en 5 823 millones de dólares. En septiembre, el indicador de confianza del consumidor se ubicó en 44.7 puntos, nivel que no se alcanzaba desde hace más de diez años. En agosto, el Inegi reportó que los ingresos por ventas al por menor aumentaron 2.4% en relación con el mismo mes del año pasado. La Bolsa de Valores se ha mantenido estable; en el tiempo que llevamos en el Gobierno, ha aumentado en tres por ciento.

Tenemos finanzas públicas sanas. La recaudación de impuestos hasta septiembre aumentó en 2.4% en comparación con el año pasado. La economía está creciendo poco, pero no hay recesión; además, ahora es menos injusta la distribución del ingreso, es decir, hay más desarrollo y bienestar.

8. Un país con bienestar

El objetivo más importante del Gobierno de la Cuarta Transformación es que en 2024 la población de México esté viviendo en un entorno de bienestar. En última instancia, la lucha contra la corrupción y la frivolidad, la construcción de la paz y la seguridad, los proyectos regionales y los programas sectoriales que opera el Ejecutivo Federal están orientados a ese propósito sexenal.

El Estado de Bienestar no es un concepto nuevo. Desde el siglo XIX, los movimientos obreros impulsaron en muchos países del mundo reivindicaciones que, más tarde, habrían de quedar plasmadas en sus leyes, tales como los servicios universales y gratuitos de educación y salud, las vacaciones pagadas, la jornada máxima de trabajo y los salarios mínimos. Con marcadas diferencias, tanto en Europa como en Estados Unidos, se edificaron Estados de bienestar. En el caso de México, los artículos 3, 27, 123 y otros de la Constitución de 1917 sentaron las bases para un Estado de bienestar con características propias en un país predominantemente agrario y de tradiciones indígenas comunitarias.

Para edificar el bienestar de las mayorías, se requería de una fuerte presencia del sector público en la economía, de enérgicas políticas recaudatorias y de una intervención estatal que moderara las enormes desigualdades sociales en las que desemboca, de manera inevitable, una economía de mercado sin control alguno. Así pues, hasta hace unas décadas, era normal y aceptado que, en los países capitalistas industrializados, el Estado detentara el monopolio de sectores estratégicos como las telecomunicaciones y los ferrocarriles, la operación de puertos y aeropuertos, los sistemas de pensiones y, por supuesto, los sistemas de educación y salud.

En la crisis económica de 1973, los grandes capitales y sus ideólogos, los economistas neoliberales, vieron la oportunidad de desmantelar en provecho propio los mecanismos de redistribución, los derechos laborales, los sistemas de enseñanza y salud y todo lo que fuera de propiedad pública. Se alzó en el mundo un clamor concertado que señalaba al sector público como intrínsecamente corrupto y mal administrador, se afirmó que resultaba demasiado costoso mantener los derechos laborales y sociales, se decidió que el gasto social era inflacionario y generador de déficits incontrolables que acabarían llevando a los países a la bancarrota. El modelo alternativo, que fue el desmantelamiento del Estado de bienestar y la privatización de todo lo imaginable, tuvo en la dictadura militar chilena —instaurada de manera criminal y violenta en 1973— su primer laboratorio. De allí pasó a Gran Bretaña, en donde fue aplicado por los conservadores y, posteriormente, en 1981, en Estados Unidos de América, en donde se eliminaron un sinfín de leyes que regulaban la economía y las finanzas, se redujeron los impuestos y se emprendió una ofensiva en contra de los sindicatos.

Las crisis financieras que padeció México en 1976 y de 1982 en adelante llevaron al colapso al modelo económico, denominado *desarrollo estabilizador* y, a partir de 1982, los gobernantes empezaron a adoptar medidas de claro corte neoliberal. Seis años más tarde, con la imposición de Carlos Salinas en la Presidencia de la República, la receta fue aplicada de lleno y se inició el desastroso periodo que culminó en 2018 y dejó una dolorosa herencia de pobreza multiplicada, desigualdad social, marginación, corrupción, deterioro institucional, pérdida de soberanía, inseguridad y violencia.

Hoy, en 2019, el país y el mundo han cambiado mucho y en muchos sentidos, y sería imposible y hasta disparatado intentar un retorno a las estrategias del desarrollo estabilizador. Esas estrategias atenuaron, pero sin erradicar, la pobreza y la miseria, y fueron obra de un régimen claramente antidemocrático. Actualmente, México vive en una economía mundial abierta; el antiguo orden bipolar ha desaparecido; la revolución digital ha trastocado las viejas lógicas del comercio y de las relaciones sociales; el grado de integración económica con Estados Unidos es mucho mayor que en 1982 o 1988, en los tiempos previos al Tratado de Libre Comercio; y la sociedad es mucho más consciente y participativa y no toleraría un régimen autoritario como el que se mantuvo hasta 2018.

En estas circunstancias, el Gobierno Federal impulsa una nueva vía hacia el desarrollo para el bienestar, una vía en la que la participación de la sociedad resulta indispensable, y que puede definirse con el propósito de construir la modernidad desde abajo, entre todos y sin excluir a nadie. La referencia a ese «abajo» social implica el protagonismo histórico que se han ganado los siempre desposeídos, oprimidos, despojados y discriminados, aquellos que han sido tradicionalmente atropellados por los grandes intereses económicos, ignorados por los medios de información convencionales y privados del ejercicio de sus derechos por el poder político; pero hace referencia también a la formidable reserva de la civilización mesoamericana contenida en su herencia cultural y social y que ha resistido 300 años de dominio colonial, un siglo de guerras internas durante la República independiente y, por supuesto, más de tres décadas de neoliberalismo rapaz. Lo nuestro, lo ya emprendido, es una construcción colectiva, que incluye la vasta diversidad de posturas políticas, condiciones socioeconómicas, espiritualidades, culturas, regiones, idiomas, ocupaciones y oficios, edades, identidades y preferencias sexuales que confluyen en la población actual de México. No discrimina a nadie porque es, precisamente, una respuesta positiva y constructiva a las décadas de exclusión en las que las mayorías fueron impedidas de participar, mediante la manipulación política, la desinformación y la represión abierta, en las decisiones nacionales.

En esta nueva etapa de la vida nacional, el Estado no es gestor de oportunidades, que es como se presentó de manera explícita la política social del régimen neoliberal. Es y será, en cambio, garante de derechos. La diferencia entre unas y otros es clara: las oportunidades son circunstancias azarosas y temporales o concesiones discrecionales sujetas a término que se le presentan a un afortunado entre muchos y pueden ser aprovechadas o no; los derechos, en cambio, son inmanentes a la persona, irrenunciables, universales y de cumplimiento obligatorio. El derecho a la vida, a la integridad física y a la propiedad están siendo garantizados por medio de la Estrategia Nacional de Justicia, Paz y Seguridad 2018-2024.

Vuelvo a proclamar: por convicción, humanismo y por el bien de todos, primero los pobres. Solo con una sociedad justa lograremos el renacimiento de México. El país no será viable si persisten la pobreza y la desigualdad. Es un imperativo ético, pero no solo eso: sin justicia no hay garantía de seguridad, tranquilidad ni paz social. La fraternidad no solo tiene rostro humano, sino que es la manera más eficaz para garantizar la gobernabilidad, el Estado de Derecho y la armonía social. Nada justifica la pobreza en que viven millones de mexicanos, porque esta no es producto de la fatalidad o del destino. El ciclo neoliberal ha sido una verdadera fábrica de pobres, y la pobreza se ha reproducido y agravado ante la ausencia de un Estado con sentido y visión social.

Debemos reconocer —a contrapelo del dogma económico— que, en cualquier país, el Estado es fundamental para el bienestar de la población, y que en una nación como la nuestra, con tantas desigualdades, resulta indispensable para la superviviencia de muchos. Dejemos a un lado la hipocresía neoliberal: al Estado le corresponde atemperar las desigualdades sociales. No es posible seguir desplazando la justicia social de la agenda del Gobierno. No es jugar limpio utilizar al Estado para defender intereses particulares y procurar desvanecerlo cuando se trata del beneficio de las mayorías. No se vale defender la facultad del Estado para rescatar instituciones financieras en quiebra y considerarlo una carga cuando se trata de promover el bienestar de los más desfavorecidos.

El Estado debe alentar con decisión el desarrollo social en dos vertientes: por un lado, impulsar el cecimiento económico y la creación de empleos para mejorar los ingresos de la gente; ello redundará en mejor educación, salud y calidad de vida en general. Por otro lado, en tanto se logra alcanzar ese nivel de desarrollo, y dada la situación de pobreza en que vive la mayoría de los mexicanos, el Estado debe garantizar satisfactores básicos de bienestar.

Nuestra propuesta consiste en establecer un Estado de bienestar igualitario y fraterno para garantizar que los pobres, los débiles y los olvidados encuentren protección ante incertidumbres económicas, desigualdades sociales, desventajas y otras calamidades, donde todos podamos vivir sin angustias ni temores. El Estado de bienestar igualitario y fraterno que estamos aplicando tiene como ideal la protección de las personas a lo largo de la vida, desde la cuna hasta la tumba, haciendo realidad el derecho a la alimentación, al trabajo, la salud, la educación y la cultura, la vivienda y la seguridad social.

En consecuencia, es un timbre de orgullo, una dicha enorme, poder decir que este año se destinarán más de 300 000 millones de pesos a programas de desarrollo social en beneficio directo de más de 20 000 000 de personas, algo jamás visto en la historia de México.

Describo algunos de estos programas:

1. El **Programa Pensión para el Bienestar de las Personas Adultas Mayores** significa otorgar un apoyo universal a mujeres y hombres de más de 68 años en todo el país. La mayor parte de ellos se encuentra en pobreza y sin acceso a un sistema de protección social que les garantice una vejez digna y plena. Según datos oficiales, solo 23% de las mujeres y 40% de los hombres tenían acceso a una pensión contributiva. Pero lo más grave es que 35% de las personas adultas mayores no contaban con nada de ayuda. Ahora, el apoyo económico se entrega de manera directa —sin intermediarios— mediante el uso de una tarjeta bancaria. En las comunidades indígenas del país, la edad mínima para inscribirse en el programa es de 65 años. Lo mismo ocurre en el caso de personas mayores de 65 años que se hayan inscrito en el padrón de derechohabientes del programa Pensión para Adultos Mayores activos a diciembre de 2018. El 94% de adultos mayores, es decir, 8 000 000, han recibido sus pensiones de 2 550 pesos bimestrales, el doble de lo que obtenían antes; y ahora, este apoyo, reitero, es universal; incluye a quienes reciben una pensión contributiva y a quienes no reciben nada, es decir, se convirtió en un derecho de todos.

2. El **Programa Pensión para el Bienestar de las Personas con Discapacidad** apoya a niñas, niños y jóvenes de hasta

29 años que tienen discapacidad permanente, así como a personas con discapacidad de cero a 64 años que vivan en comunidades indígenas. Más de la mitad de las personas con discapacidad se encuentran, además, en situación de pobreza. Con este programa, el Gobierno de la República busca la vigencia efectiva de los derechos de niñas, niños, jóvenes e indígenas con discapacidad, así como eliminar la marginación, la discriminación y el racismo. El monto del apoyo económico es de 2 550 pesos bimestrales y se entrega mediante depósito directo en tarjeta bancaria a 790 000 personas con discapacidad. Con esta pensión se apoya, en especial, a las niñas y niños pobres del país. Pronto llegaremos a un millón de beneficiarios.

3. El **Programa Nacional de Becas para el Bienestar Benito Juárez** está dirigido a niñas, niños y jóvenes cuyos hogares se encuentren en situación de pobreza extrema y que estudian en escuelas públicas. Se otorgan becas de 1 600 pesos bimestrales a estudiantes pobres de nivel básico (preescolar, primaria y secundaria). En el caso de estudiantes de nivel medio superior, el apoyo es universal, es decir, se otorga a todos los adolescentes de 15 a 18 años en promedio; en el nivel superior o universitario, las becas son de 2 400 pesos mensuales y se destinan a estudiantes de familias de escasos recursos económicos. En total, están recibiendo becas en todos los niveles escolares 10 090 000 estudiantes, lo que significa una inversión anual de 60 000 millones de pesos, nunca vista en la historia de México.

4. El **Programa Jóvenes Construyendo el Futuro** tiene como propósito que jóvenes de entre 18 y 29 años de edad que no se encuentren estudiando ni trabajando reciban capacitación laboral. La meta del programa es beneficiar a 2 300 000 jóvenes. El Gobierno Federal les otorga una beca mensual de 3 600 pesos para que se capaciten durante un año en empresas, instituciones públicas y organizaciones sociales, en donde reciben formación para desarrollar habilidades que les permitan insertarse con éxito en el ámbito laboral. Los aprendices reciben, además, por medio del IMSS, un seguro médico que cubre accidentes, enfermedades, maternidad y riesgos de trabajo durante el periodo de permanencia en el programa. Los becarios no deben realizar labores como asistentes personales, elementos de seguridad privada, veladores, promotores de partidos políticos ni llevar a cabo trabajo doméstico. Pueden participar como tutores empresas de todos los tamaños y sectores; personas físicas, como plomeros, electricistas, artesanos y profesionistas; instituciones públicas, como secretarías, gobiernos locales, poderes Legislativo y Judicial, órganos autónomos o desconcentrados y organismos internacionales; organizaciones de la sociedad civil; universidades, sindicatos, escuelas, hospitales y museos, entre otras. En fin, el Programa Jóvenes Construyendo el Futuro ha permitido que sean aprendices 930 000 jóvenes que antes eran discriminados y tratados como *ninis,* porque «ni estudian ni trabajan» —así los siguen describiendo algunos, hasta la fecha, de manera despectiva—. El próximo año, o a más tardar en 2021, ningún joven se quedará fuera

del trabajo o del estudio. Nunca más se les dará la espalda a los jóvenes ni se les condenará al olvido.

5. El **Programa Nacional de Reconstrucción** está orientado a la atención de la población afectada por los sismos de septiembre de 2017 y febrero de 2018, con un enfoque de derechos humanos, y se aplica en el Estado de México, Chiapas, Guerrero, Hidalgo, Michoacán, Morelos, Oaxaca, Puebla, Tabasco, Tlaxcala, Veracruz y Ciudad de México. Se prioriza la atención a quienes habitan en zonas con mayor grado de marginación, con población mayoritariamente indígena o con altos índices de violencia, y se considera a localidades con mayor concentración de daños materiales en infraestructura, vivienda y templos o edificios que forman parte del patrimonio artístico y cultural de México. El programa es operado por la Comisión Intersecretarial para la Reconstrucción, creada mediante decreto presidencial y encabezada por la Secretaría de Desarrollo Agrario, Territorial y Urbano. Participan en ella las secretarías de Hacienda y Crédito Público, Educación Pública, Salud, Cultura, Seguridad Pública y Protección Ciudadana. Está a cargo de la reconstrucción, reparación, reubicación, acondicionamiento, equipamiento, restauración, rehabilitación, mantenimiento y capacitación para la prevención y la conservación de los bienes afectados por los sismos en los sectores de vivienda, educación, salud y cultura. Para la realización de los proyectos y acciones, se promueve la participación de profesionistas, instituciones académicas, pequeñas empresas, cooperativas

y trabajadores de la construcción y de servicios, privilegiando la participación de empresas y profesionistas de la entidad correspondiente, así como de la mano de obra de las localidades en las que se llevan a cabo los proyectos y acciones del programa, cuando no se trata de actividades de alta especialización. En todos los casos, se busca contribuir al fortalecimiento de la economía local. Este programa tiene un presupuesto de 8 000 millones de pesos. Hasta octubre de 2019, se habían otorgado apoyos para vivienda a 13 585 familias. Escuelas y centros de salud están en proceso de reconstrucción y se avanza también en la restauración de templos y otros espacios que forman parte del patrimonio histórico nacional.

6. Hemos comenzado el **Programa de Mejoramiento Urbano y Vivienda** en 14 municipios del país, tanto en ciudades de la frontera norte como en polos de desarrollo turístico, para aminorar el contraste entre zonas con hoteles de gran lujo, desarrollos urbanos exclusivos y colonias marginadas. Este año se realizaron obras de rehabilitación y mejoramiento de espacios públicos; asimismo, se están mejorando, ampliando y edificando nuevos hogares. El programa está rindiendo frutos en ciudades fronterizas como Tijuana, Mexicali, San Luis Río Colorado, Nogales, Ciudad Juárez, Acuña, Piedras Negras, Nuevo Laredo, Reynosa y Matamoros; así como colonias marginadas de cuatro centros turísticos: Los Cabos, Bahía de Banderas, Acapulco y Playa del Carmen. A la fecha suman 16 947 acciones de vivienda y

están iniciados los trabajos de introducción de agua, drenaje, pavimento, escrituración y otros servicios en colonias populares de 14 ciudades del país. Asimismo, el Infonavit ha reestructurado 96 841 créditos en beneficio de trabajadores que pagaban y pagaban, y cuyas deudas crecían en vez de bajar. Aunado a este programa, que será permanente, se acordó que, a quienes hayan cubierto el 90% de su crédito, se les condonará el resto y podrán recibir su escritura. Esta modalidad ha beneficiado a 31 000 familias; además, hemos hecho el compromiso de que nadie será desalojado de su departamento o vivienda, como cuando se vendían las llamadas «carteras vencidas» a «coyotes», despachos de abogados o traficantes de influencias.

7. En materia financiera, implementamos el **Banco del Bienestar.** La gran mayoría de la población que se encuentra en situación de pobreza carece de acceso al sistema bancario. En muchos municipios del país no existe una sola sucursal de instituciones financieras, ni siquiera se cuenta con un cajero automático. Por esta razón, y tomando como base la pequeña estructura del Banco del Ahorro Nacional y Servicios Financieros (Bansefi), el Gobierno Federal ha creado el Banco del Bienestar, cuyo propósito principal es ofrecer servicios bancarios a los beneficiarios de los programas sociales y eliminar el manejo de dinero en efectivo en la dispersión de los recursos de tales programas. De esta forma, se evita la posibilidad de que se generen prácticas corruptas o clientelares en la entrega de los apoyos. Durante el sexenio,

el Banco del Bienestar pasará de 433 sucursales, con las que cuenta actualmente, a 13 000 en todo el territorio nacional.

8. Estamos creando también 13 000 **Centros Integradores de Servicios Comunitarios** en localidades de mayor población para atender a más de 180 000 comunidades del país de menos de 2 500 habitantes. A esto le llamamos *microrregiones rurales*. Dichos Centros Integradores se seleccionan luego de identificar aquellas comunidades bien ubicadas en donde confluyen personas y actividades productivas, comerciales y sociales. Estamos generando una red de Centros Integradores de Servicios Comunitarios que, además de ofrecer servicios de inclusión bancaria, previamente reforzados en sus capacidades, puedan funcionar como Centros Promotores del Desarrollo Local en un sentido más amplio.

La propuesta es que desde allí se otorguen apoyos para el bienestar; se asignen proyectos productivos alternativos para hombres, mujeres y jóvenes; se proporcione asistencia técnica para la producción, transformación y comercialización; se facilite la distribución de insumos productivos y se brinden apoyos económicos y asistencia técnica para mejoramiento de la vivienda. Además, en los Centros Integradores de Servicios Comunitarios, se practicará, desde abajo y con la gente, la democracia participativa: el gobierno del pueblo, para el pueblo y con el pueblo.

Derecho a la educación

Durante el periodo neoliberal, el sistema de educación pública fue devastado. Se pretendió acabar con la gratuidad de la educación superior; se sometió a las universidades públicas a un acoso presupuestal sin precedentes; los niveles básico, medio y medio superior fueron vistos como oportunidades de negocio para venderle al Gobierno insumos educativos inservibles y a precios inflados; se emprendió una ofensiva brutal en contra de las escuelas normales rurales; y en el sexenio pasado, se operó una mal llamada «reforma educativa», que era en realidad una contrarreforma laboral, contraria a los derechos laborales del magisterio y orientada a crear las condiciones para la privatización generalizada de la enseñanza.

Esta estrategia perversa se tradujo en la degradación de la calidad de la enseñanza en los niveles básico y medio superior y en la exclusión de cientos de miles de jóvenes de las universidades. En los hechos, el derecho constitucional a la educación resultó mutilado, y ello no solo privó al país de un número incalculable de graduados, sino que agravó el auge de la delincuencia y las conductas antisociales. En el sexenio anterior, la alteración del marco legal de la educación derivó en un enconado conflicto social y en acciones represivas injustificables. Ante esta circunstancia, nuestro Gobierno se comprometió desde un inicio a mejorar las condiciones materiales de las escuelas del país, a garantizar el acceso de todos los jóvenes a la educación y a revertir la mal llamada «reforma educativa». La Secretaría de Educación Pública (SEP) tiene la tarea de dignificar los centros escolares, y el Ejecutivo Federal, el Congreso de la Unión y el magisterio nacional, luego de un intenso proceso de diálogo, reflexión y análisis, lograron un amplio acuerdo que llevó a la aprobación de un nuevo marco legal para la enseñanza.

La SEP tiene la tarea de dignificar los centros escolares. Con el nuevo ciclo escolar 2019-2020 comenzó el **Programa La Escuela es Nuestra**, el cual facilita recursos para la construcción, reparación de aulas y mantenimiento de las escuelas públicas a los Comités Escolares de Administración Participativa (CEAP), formados por alumnos, maestros, madres y padres de familia de cada plantel educativo. Los recursos llegarán de manera directa de la Tesorería de la Federación a la escuela, sin intermediarios —ya sean dependencias burocráticas u organizaciones civiles o sociales— y sin trámites engorrosos. Con ese propósito, se han celebrado 26 000 asambleas de padres de familia y maestros para la formación de los comités. El programa contempla, en una primera etapa, atender 103 000 escuelas, el 65% de las 173 000 existentes; de estos planteles escolares 33 000 están en comunidades indígenas y 70 000 en zonas marginadas del campo y la ciudad. Asimismo, el 41% son escuelas conocidas como multigrado, en las cuales uno o dos maestros atienden de cinco a 100 niños que cursan del primero al sexto grado.

El monto de recursos por escuela se definió de la siguiente forma: de cinco a 50 alumnos, 150 000 pesos por ciclo escolar; de 51 a 150, 200 000 pesos; más de 150, 500 000 pesos. El presupuesto inicial será de 21 000 millones de pesos y estamos acordando con los Gobiernos estatales que aporten la mitad. La mayoría ha respondido bien, y el primero en aceptar fue el gobernador de Puebla, Miguel Barbosa; en esa entidad, así como en Oaxaca, ya inició la distribución de los recursos a los comités escolares.

En 2021 comenzará la segunda etapa con las 70 000 escuelas restantes. No debemos olvidar que la educación es sinónimo de libertad y la democracia es el gobierno del pueblo, para el pueblo y con el pueblo.

Está funcionando la estrategia para el rescate de la memoria histórica y el fomento a la lectura. El Fondo de Cultura Económica ha editado 25 libros de grandes escritores con un tiraje de 40 000 ejemplares cada uno, llegando a un total de 1 000 000 de ejemplares; dichos libros se venden a precios accesibles que van de nueve a 20 pesos. Asimismo, se reimprimieron 8 500 000 ejemplares de la *Cartilla moral,* escrita por Alfonso Reyes.

Se está reformando el Conacyt para orientar sus trabajos de investigación a las necesidades más apremiantes del pueblo y de la nación. En el sexenio pasado, también en esta materia, se aplicó una política neoliberal que significó transferir alrededor de 35 000 millones de pesos al sector privado y, en lugar de avanzar, se retrocedió: la eficiencia en innovación bajó 16 lugares porque solo se simuló y hubo dispendio, opacidad, desvíos de recursos y falsificación de cifras e indicadores. Por ello se ha puesto orden y, como es natural, se han enfrentado resistencias. Sin embargo, avanzamos al apoyar a universidades y centros públicos de investigación con recursos, como no sucedía anteriormente. Este año se han destinado 2 253 millones de pesos a la ciencia básica o de frontera, la cual no había recibido inversión en los últimos años; además, se otorgaron 24 453 becas nuevas de posgrado. El Conacyt está a cargo de María Elena Álvarez-Buylla, una investigadora honesta y de primer orden, Premio Nacional de Ciencias 2017.

Las **Universidades para el Bienestar Benito Juárez García** iniciaron sus actividades en marzo de 2019 con 100 planteles en 31 entidades. Para la instalación de los planteles, se dio preferencia a zonas de alta densidad poblacional en las que hay nula oferta de estudios universitarios y con alto grado de rezago social, marginación y violencia. Las escuelas universitarias se distribuyen en Oaxaca (11 planteles), Ciudad de México (diez), Veracruz (ocho), Chiapas y Michoacán (cinco). Las otras entidades tienen entre una y cuatro escuelas. En conjunto, las Universidades para el Bienestar ofrecen 39 600 plazas para estudiantes, quienes reciben una beca de 2 400 pesos mensuales.

Los edificios permanentes en los que operarán las Universidades para el Bienestar están siendo construidos con el concurso del trabajo comunitario y de trabajadores locales, en terrenos donados o entregados en comodato por campesinos, municipios o comisariados ejidales. Las carreras que se ofrecen son ingenierías Civil, Industrial, Forestal, Agroalimentaria, Ambiental, Agroforestal, Electromecánica, en Agronomía y Agricultura, en Minas, en Acuacultura y Piscicultura, en Desarrollo Regional Sustentable, en Química de la Industria Petrolera, en Administración de la Industria Energética y en Procesos Petroleros, en Energías Renovables; Medicina Integral y Salud Comunitaria; Enfermería y Obstetricia; Medicina Veterinaria y Zootecnia; Contabilidad y Administración Pública; Derecho; Patrimonio Histórico e Industria de Viajes; Gestión Integrada del Agua; Normal de Educación Básica; Estudios Sociales; Patrimonio Histórico y Biocultural; Educación Física; Administración Municipal y Políticas Públicas; Música y Laudería, y normales Rural e Intercultural Bilingüe.

Estamos auspisiando una cultura para la paz y el bienestar bajo la premisa de que todos somos poseedores y generadores de cultura. En rigor, el adjetivo *inculto*, particularmente cuando se le utiliza en término peyorativo, denota una condición imposible: los humanos viven en sistemas culturales que van desde el lenguaje hasta las celebraciones y conmemoraciones; desde los patrones de comportamiento hasta la alimentación; desde el universo simbólico que cada persona construye hasta el disfrute y consumo de productos tradicionalmente denominados culturales, como la música, las artes plásticas, las letras y las artes escénicas.

Desde esta perspectiva, nadie debe ser excluido de las actividades y los circuitos de la cultura, los cuales representan, en la actual circunstancia, factores de paz, cohesión social, convivencia y espiritualidad. Al igual que en otros rubros, el Gobierno Federal prioriza en este las necesidades de los sectores más marginados, indefensos y depauperados, e impulsa una vigorosa acción cultural en las zonas más pobres del país.

Al mismo tiempo, sin descuidar las materias que por tradición han recaído en el Instituto Nacional de Bellas Artes y Literatura, la Secretaría de Cultura promueve la difusión, el enriquecimiento y la consolidación de la vasta diversidad cultural que posee el país y trabaja en estrecho contacto con las poblaciones para conocer, de primera mano, sus necesidades y aspiraciones en materia cultural. Los recintos tradicionalmente consagrados a la difusión del arte no deben centralizar ni, menos, monopolizar la actividad cultural. Esta debe poblar los barrios y las comunidades y hacerse presente allí en donde es más necesaria, que son los entornos sociales más afectados por la pobreza, la desintegración social y familiar, las adicciones y la violencia delictiva.

Informo que la apertura al pueblo de la antigua residencia oficial de Los Pinos ha sido un éxito. La que era mansión presidencial ha sido visitada por 2 200 000 personas y ya se está elaborando, en coordinación con el Gobierno de la Ciudad de México, el proyecto para convertir este espacio, el Bosque de Chapultepec, más los terrenos donde se encontraba la fábrica de armas del Ejército, en un espacio artístico y ecológico con una extensión de 800 hectáreas, que pronto será uno de los sitios culturales más importantes del mundo. Aprovecho para explicar brevemente que decidí vivir y despachar en Palacio Nacional. Durante el sexenio de Felipe Calderón, se construyó, en este histórico edificio de hace cinco siglos, un departamento de descanso que mantuvo Enrique Peña Nieto. Ahí vivo con mi familia y es un gran honor porque, en Palacio, en un pequeño espacio que era la Intendencia del imperio de Maximiliano, vivió y murió Benito Juárez, el más grande de los presidentes de México. Además, en Palacio, estuvo detenido cinco días antes de ser cobardemente asesinado el apóstol de la democracia, Francisco I. Madero. En fin, trabajo y despacho en un museo, uno de los lugares más representativos de las tragedias y las grandezas de la historia de México.

Salud para toda la población

La administración que inició el 1 de diciembre de 2018 encontró un sistema de salud pública insuficiente, desintegrado, ineficiente, depauperado y corroído por la corrupción. Millones de personas no tienen acceso a ninguna de las instituciones o modalidades de ese sistema, o bien, enfrentan padecimientos para los cuales no hay cobertura o no está cerca de donde viven. Como en otros terrenos, el desastre del sistema de salud pública es resultado de los afanes privatizadores y de los lineamientos emitidos por organismos internacionales copados por la ideología neoliberal. El resultado: en un periodo en el que proliferaron los dispensarios, clínicas y hospitales privados de todas las categorías, incluso los de gran lujo, los establecimientos públicos han quedado a merced del saqueo de la corrupción, la indolencia burocrática y el estrechamiento presupuestal. Se había llegado al extremo de que pacientes de los hospitales del Estado tenían que llevar sus propios materiales de curación y se veían obligados a esperar meses antes de ser sometidos a una intervención quirúrgica, tanto por la saturación de los quirófanos como por descomposturas o faltantes de equipo. Otros ni siquiera lograban acceso a terapias y tratamientos por no estar afiliados a alguna institución de seguridad social, o bien, porque la cobertura del Seguro Popular era insuficiente o limitada al llamado «cuadro básico». En suma, el derecho a la salud le era denegado parcial o totalmente al sector más desprotegido de la población mexicana.

Esta lamentable realidad nos ha comprometido a efectuar las acciones necesarias para garantizar que, hacia 2024, todas y todos los habitantes de México puedan recibir atención médica y hospitalaria gratuita, incluidos el suministro de medicamentos y materiales de curación, así como los exámenes clínicos.

Por ello se creó el Instituto Nacional de Salud para el Bienestar, cuya función principal es garantizar servicios médicos a todas las personas no afiliadas al IMSS o al ISSSTE. La atención se brindará con apego a los principios de participación social, competencia técnica, calidad médica, pertinencia cultural, trato no discriminatorio, digno y humano. El propósito es cumplir con el mandato constitucional de garantizar el derecho a la salud.

El Instituto Nacional de Salud para el Bienestar está empezando a resolver cuatro demandas básicas: que haya abasto de todos los medicamentos hasta en las unidades médicas y centros de salud ubicados en las comunidades más apartadas del país; hemos comentado sobre esto que, si los refrescos industriales y los alimentos chatarra se distribuyen en todo el territorio nacional, es injustificable que no ocurra otro tanto con las medicinas.

Otras tareas pendientes son la asignación de los médicos, enfermeras y paramédicos en todas las poblaciones; rehabilitar y ampliar la infraestructura de salud, incluido el mejoramiento de equipos médicos; y la basificación de más de 80 000 trabajadores que han sido contratados por mucho tiempo como eventuales y por honorarios. El sector salud tendrá un incremento de 40 000 millones de pesos para financiar las acciones destinadas a la atención médica y garantizar la gratuidad en los medicamentos.

Añado que el combate a la corrupción será permanente en todo el sector salud. Se dignificarán los hospitales públicos de las diversas dependencias federales y se priorizará la prevención de enfermedades mediante campañas de concientización e inserción de temas de nutrición, higiene, salud sexual y reproductiva. Agrego que se inició una campaña informativa nacional sobre las adicciones destinada, básicamente, a los jóvenes con la finalidad de orientar sobre el tremendo daño que causan las drogas, sobre todo, las producidas con sustancias químicas de alto riesgo para la salud.

Se impulsan las prácticas deportivas en todas sus modalidades. La delegación de atletas que nos representó en los Juegos Panamericanos 2019 en Lima, Perú, celebrados del 26 de julio al 11 de agosto, logró 136 medallas: 37 de oro, 36 de plata y 63 de bronce, el mayor número obtenido en competencia fuera de México. A los 546 atletas y a sus entrenadores se les otorgaron apoyos económicos por un año. Lo mismo hicimos con quienes compitieron en los Juegos Parapanamericanos, que obtuvieron 55 medallas de oro (un récord histórico), 58 de plata y 45 de bronce, 158 en total. Los recursos que se entregan a los deportistas y a los pueblos más pobres de México se obtienen de la venta de bienes incautados a la delincuencia común y de cuello blanco: joyas, ranchos, residencias, vehículos, barcos, aviones y dólares, que entrega el recién creado Instituto para Devolverle al Pueblo lo Robado.

9. Cambio de paradigma en seguridad

El Ejecutivo Federal ha emprendido un cambio de paradigma en materia de seguridad nacional y seguridad pública. Entre 2006 y 2018, los gobernantes pretendieron resolver la inseguridad y la violencia delictiva mediante acciones de fuerza militar y policial y el llamado «populismo penal», consistente en endurecer los castigos a las acciones delictivas. El resultado fue catastrófico, y esa estrategia dejó un saldo pavoroso de muertos, desaparecidos y lesionados, además de una crisis de derechos humanos, una descomposición institucional sin precedentes y un gravísimo daño al tejido social. Se recurrió al empleo de las Fuerzas Armadas en su configuración de cuerpos de combate, se omitió la profesionalización de las corporaciones policiales y se entregó el manejo de la seguridad a autoridades facistoides o extremistas. Actualmente, el país padece aún las consecuencias de esa política equivocada.

No debe olvidarse que el 2 de enero de 2007, Felipe Calderón, para tratar de legitimarse luego del fraude electoral, ordenó desde Apatzingán, Michoacán, la participación de las Fuerzas Armadas en lo que denominó «guerra contra el narcotráfico». Esta irresponsable decisión condujo a soldados y marinos a una lucha frontal contra la delincuencia organizada bajo la consigna de «limpiar» sin piedad, como fuera: con «tiro de gracia», masacres o exterminio. La prueba más fehaciente de este proceder autoritario se encuentra en el hecho de que en ese sexenio se produjo el mayor índice de letalidad registrado desde la Revolución mexicana. Debe saberse que esta tasa se obtiene del promedio de delincuentes o enemigos muertos en enfrentamientos comparado con los heridos y detenidos presentados por las fuerzas militares ante la autoridad. Según cifras de la Secretaría de la Defensa Nacional, del 1 de diciembre de 2006 al 31 de octubre de 2019, hubo 5 111 enfrentamientos entre militares y el crimen organizado, en los cuales perdieron la vida 5 428 presuntos delincuentes, resultaron heridos 748 y se detuvo a 4 271 personas; es decir, en este periodo hubo 409 muertos más que heridos y detenidos (el 7.5%). Sin embargo, en solo dos años del gobierno de Calderón (2011-2012), se registraron 1 898 enfrenamientos en los que murieron 2 459 personas (el 45.6% de los fallecidos en 12 años), resultaron heridas 231 y se detuvo a 1 519; es decir, 709 muertos más (el 30%) que el número de heridos y detenidos.

A estos altos niveles de letalidad debe agregarse que, desde diciembre de 2006 al 31 de octubre de 2019, los enfrentamientos contra la delincuencia causaron 328 muertos y dejaron 1 802 heridos entre soldados y marinos. A ello debe añadirse que, en los tres últimos años del gobierno de Felipe Calderón (2010-2012), los militares y navales fallecidos fueron 154, un promedio de 51 por año; mientras de diciembre de 2018 al 31 de octubre de 2019, en 11 meses de nuestro gobierno, han perdido la vida 14 miembros de las Fuerzas Armadas. Aunque los datos

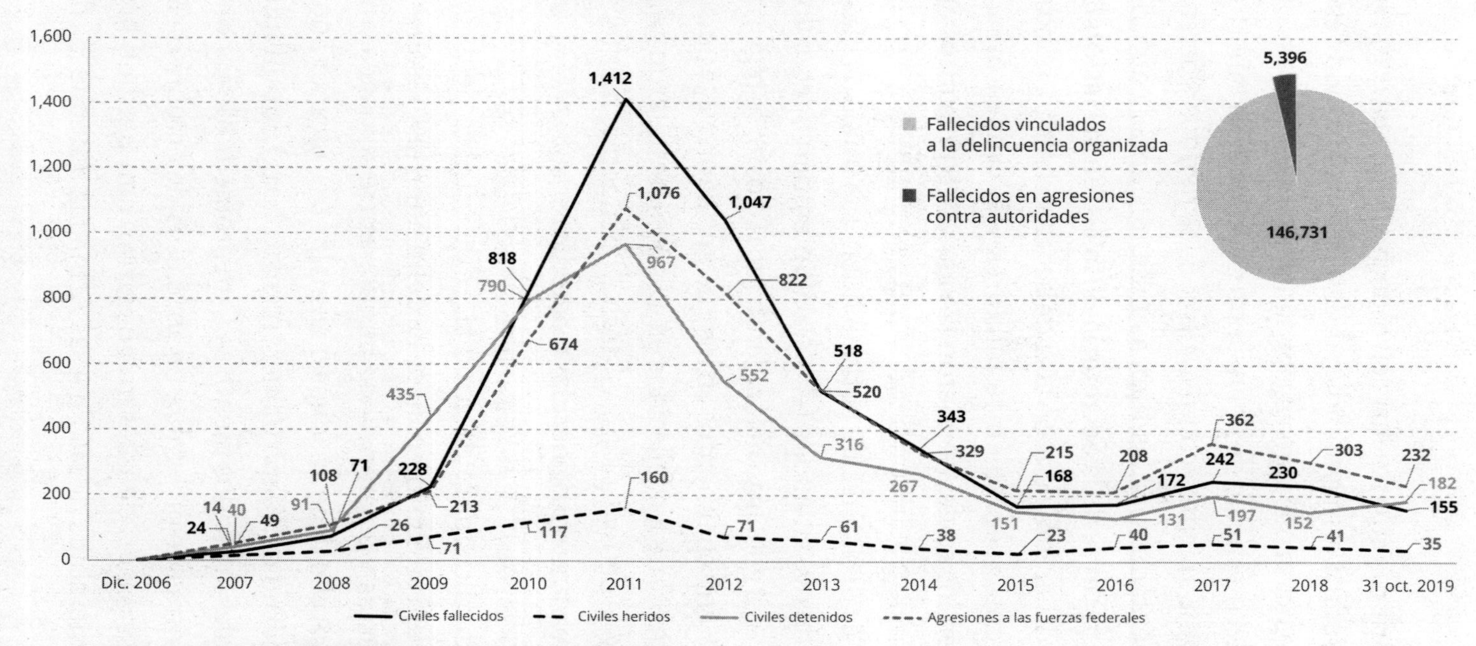

Fuente: Secretaría de la Defensa Nacional (Sedena) y Secretariado Ejecutivo del Sistema Nacional de Seguridad Pública (SESNSP)

hablan por sí solos, es obvio que esta absurda y desquiciada estrategia no se repetirá y nunca más se pondrá en riesgo de manera irresponsable ni la vida ni el prestigio de los integrantes de las Fuerzas Armadas y, mucho menos, se les utilizará para cometer excesos y ejecutar órdenes cobardes e inhumanas.

Se acabó la época de los llamados «daños colaterales» que afectaban a la población. La prueba más contundente de que existe una nueva política de seguridad se expuso con claridad ante la crisis de terror que se vivió por la tarde del jueves 17 de octubre en Culiacán, Sinaloa, con el operativo de detención con orden de extradición de Ovidio Guzmán, hijo de Joaquín Guzmán Loera. En esta verdadera prueba de fuego, debido al elevado riesgo que provocaron los delincuentes al salir a la calle con armas de alto calibre, se prefirió detener el operativo y liberar al implicado para evitar una masacre en la hubieran perdido la vida más de 200 personas, la mayoría civiles, según el cálculo de las Fuerzas Armadas. Podrán decir nuestros adversarios que demostramos debilidad, pero nada vale más que la vida de las personas, como lo afirmaba con finura y buena prosa el general Felipe Ángeles: «La política no es un fin; la revolución no es un fin: son medios para hacer hombres a los hombres. Nada es sagrado excepto el hombre. Hay algo frágil, débil, pero infinitamente precioso, que todos debemos defender: la vida».

Con la convicción de que la violencia engendra más violencia, y tomando en cuenta el justificado reclamo ciudadano por la inseguridad, el actual Gobierno decidió cambiar las medidas de guerra por una política de paz y seguridad integral que ataque las raíces mismas del descontrol delictivo y de la pérdida de seguridad, y que tenga como objetivo inmediato la reducción de los índices de criminalidad. La Estrategia Nacional de Seguridad Pública establece los siguientes objetivos: erradicar la corrupción y reactivar la procuración de justicia; garantizar empleo, educación, salud y bienestar; pleno respeto a los derechos humanos; regeneración ética de las instituciones y de la sociedad; reformular el combate a las drogas; emprender la construcción de la paz; recuperación y dignificación de las cárceles; articular la seguridad nacional, la seguridad pública y la paz; repensar la seguridad nacional y reorientar a las Fuerzas Armadas; establecer la Guardia Nacional; y crear coordinaciones nacionales, estatales y regionales.

Aunque la argumentación de esta estrategia viene explicada en el Plan General de Desarrollo, reitero que, entre las acciones principales para conseguir la paz, destaca el hecho de que se están creando mejores condiciones de vida y de trabajo para atender las causas que originan la violencia, es decir, lo principal es que haya empleos, buenos salarios, bienestar y se garantice a los jóvenes el derecho a la educación y al trabajo. En todo ello estamos actuando, pero también nos ocupamos de auspiciar la regeneración ética de las instituciones y de la sociedad. En el ámbito de la seguridad pública y el combate a la delincuencia organizada, la regeneración ética es optar por los métodos pacíficos y la confianza previa en el buen comportamiento de la mayoría de las personas.

Para alcanzar la regeneración moral de la sociedad es indispensable auspiciar la cohesión y el fortalecimiento de la familia. La izquierda ha dejado esta cuestión a la derecha, suponiendo que es más importante lo colectivo o comunitario. Sin embargo, considero que es fundamental no omitir la importancia de la familia, sobre todo en el caso de México, en donde existe una gran tradición de fraternidad y solidaridad entre familiares cercanos o lejanos. En otros países, por ejemplo —y lo expreso con respeto—, cuando los hijos van saliendo de la adolescencia, deben salir también del hogar, mientras nosotros no queremos que se vayan nunca, y hasta abusan quedándose más de la cuenta. En otras palabras, a pesar de que la familia ha estado sometida a fuertes presiones económicas y sociales que afectan su integridad y sus valores afectivos, sigue siendo el más eficaz sistema de seguridad social con que contamos. Por una cultura que viene de lejos, cuando a uno de sus miembros le va mal, se enferma, fracasa o envejece, los demás acuden invariablemente en su apoyo. Esta institución que, durante el neoliberalismo resultó muy dañada, porque padeció como nunca de pobreza, desintegración y olvido, debe ser ahora atendida en lo material y fortalecida en lo espiritual para que siga siendo un núcleo de felicidad y pueda desempeñar una función central en la regeneración de la vida comunitaria y la consecución de la paz y la tranquilidad en el país.

También explico que ya se tiene un mando coordinado en materia de seguridad pública. El gabinete de seguridad es encabezado por el presidente, sesiona de lunes a viernes de seis a siete de la mañana en Palacio Nacional, participan los Secretarios de Seguridad y Protección Ciudadana, Gobernación, Marina y Defensa, y se convoca con regularidad a otros servidores públicos. Este modelo se replica a escala estatal y regional, con la participación de los coordinadores federales, los ejecutivos estatales y sus comandancias de policía y seguridad pública, así como con invitaciones especiales a las fiscalías y autoridades judiciales locales. Hasta ahora, se han desplegado 71 000 elementos de la Guardia Nacional que actúan en 150 coordinaciones territoriales del país, aunque la meta es llegar a 140 000 elementos en 266 coordinaciones en todas las regiones de México.

La nueva estrategia de seguridad pública ha consistido también en no tolerar la tortura ni ninguna otra violación a los derechos humanos. Estamos dedicando tiempo y recursos a la búsqueda de desaparecidos por la violencia. No descansaremos hasta saber el paradero de los jóvenes de Ayotzinapa. Se está brindando protección a 348 periodistas y a 691 personas defensoras de los derechos humanos. Han sido puestos en libertad 46 presos políticos y seguiremos liberando a los que aún están en prisión, con apego a las formalidades legales aplicables.

Ya iniciaron los estudios y preparativos para rescatar los restos de los 63 mineros que, desde 2006, no han podido ser recuperados de la Mina Pasta de Conchos, en Coahuila. Los expertos han diagnosticado que es posible realizar con éxito esta acción humanitaria.

Haremos lo humanamente posible para esclarecer el paradero de las más de 40 000 personas que se encuentran desaparecidas en el país. Esa es, para este Gobierno, la mayor prioridad, y la estamos enfrentando con el principio rector de la búsqueda en vida; de no conseguirse, se buscará devolver los fallecidos a sus familias con pleno respeto a la dignidad de unos y de otros.

En este espíritu, la Presidencia a mi cargo instruyó a las secretarías de Gobernación y de Relaciones Exteriores a aceptar la competencia del Comité de Naciones Unidas contra las desapariciones forzadas, a fin de recibir y examinar comunicaciones individuales caso por caso. Se invitará de manera formal a esa dependencia de la ONU para que realice una visita oficial a México en el segundo semestre del año próximo. El Gobierno Federal tiene la plena disposición de atender las recomendaciones internacionales.

En lo interno, se establecerán convenios de colaboración con distintas instituciones para reforzar con métodos científicos los programas regionales de búsqueda de desaparecidos, atendiendo las preocupaciones de las familias; además, está por presentarse una iniciativa legal que permita hacer efectivo el mecanismo forense extraordinario,

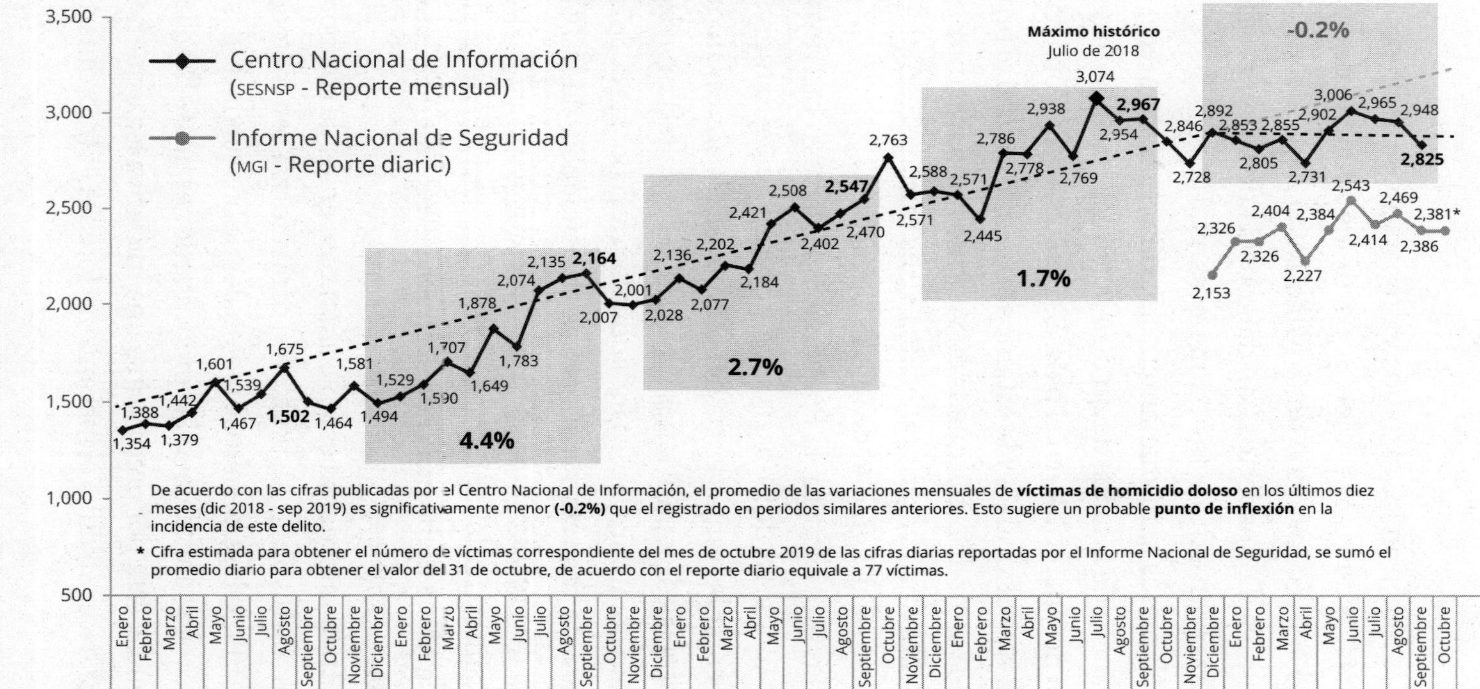

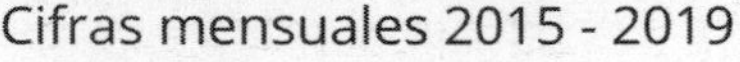

Fuente: Secretaría de Seguridad y Protección Ciudadana (SSPC)

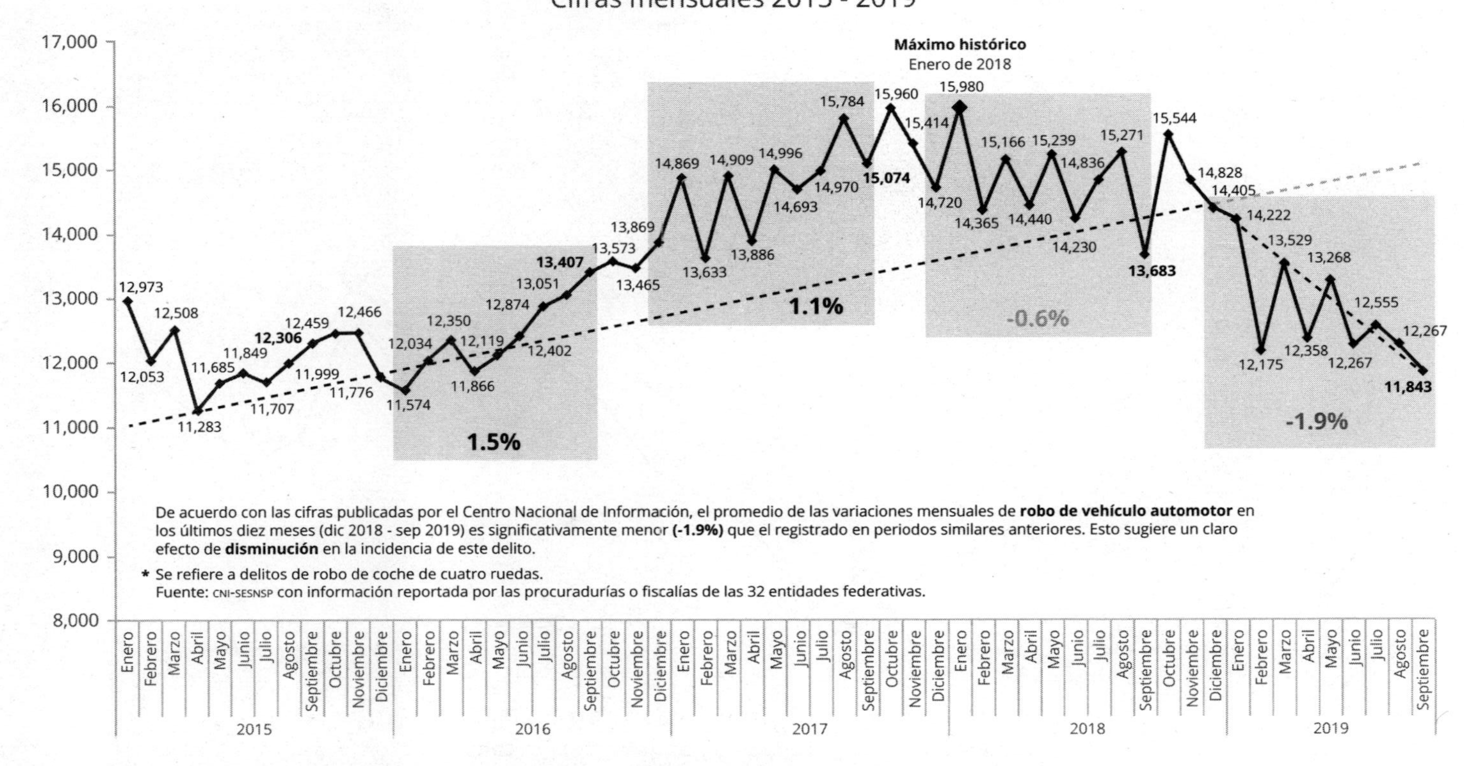

Fuente: Secretaría de Seguridad y Protección Ciudadana (SSPC)

Encuesta Nacional de Seguridad Pública Urbana

Percepción de inseguridad, tercer trimestre 2019

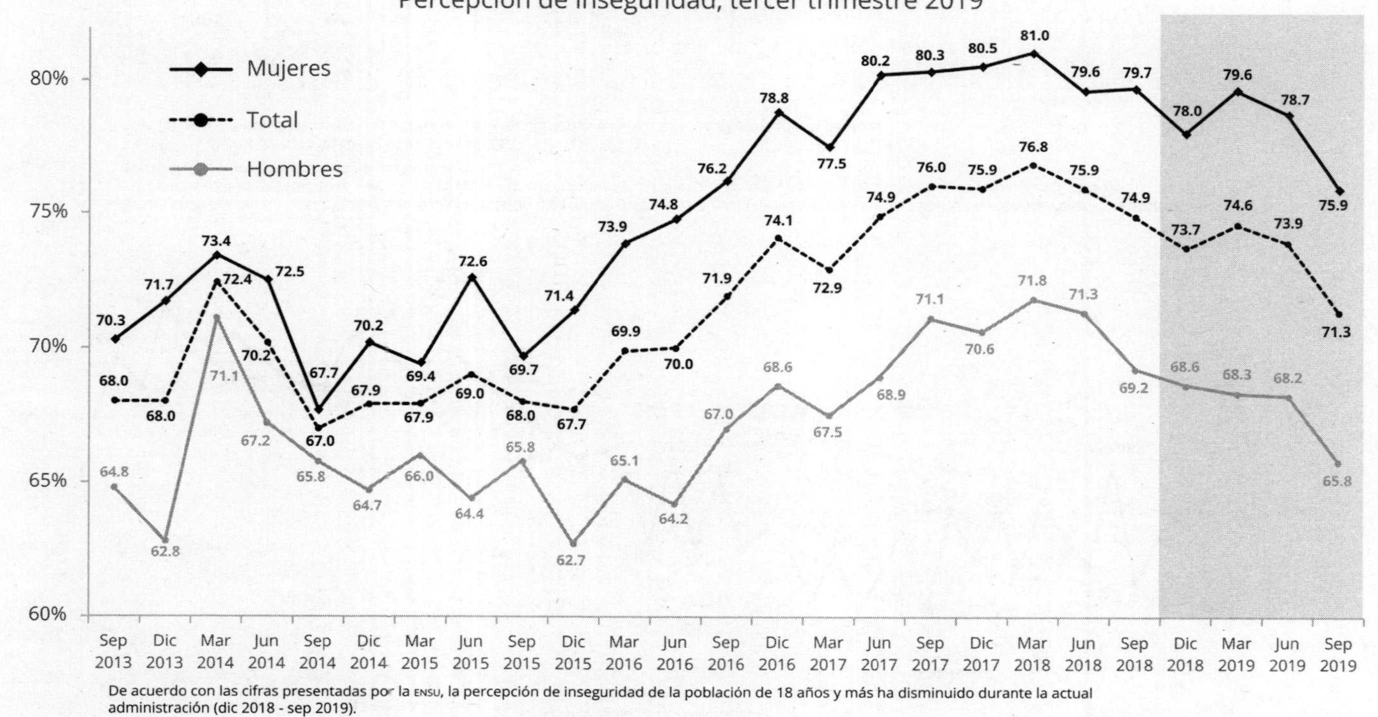

De acuerdo con las cifras presentadas por la ENSU, la percepción de inseguridad de la población de 18 años y más ha disminuido durante la actual administración (dic 2018 - sep 2019).

Fuente: Encuesta Nacional de Seguridad Pública Urbana (ENSU), Inegi

y que al menos 200 elementos de la Unidad de Búsqueda de la Secretaría de Seguridad de Protección Ciudadana trabajen adscritos a la Comisión Nacional de Búsqueda.

Estamos resolviendo el doloroso asunto de los 26 000 cuerpos sin identificar que permanecen en los forenses del país y mantenemos una estrecha colaboración con familias de víctimas de la violencia.

Ni el Ejército ni la Marina se han utilizado ni se utilizarán para reprimir al pueblo. Se terminó la guerra de exterminio contra la llamada «delincuencia organizada»; ya no se permiten redadas, masacres ni desapariciones de personas. El Estado ha dejado de ser el principal violador de los derechos humanos.

Quiero agradecer el apoyo y la lealtad de los soldados y marinos que han aceptado el desafío de garantizar la seguridad pública con pleno respeto a las libertades fundamentales y a los derechos humanos, y con el uso regulado de la fuerza. No olvidemos: *el marino y el soldado son pueblo uniformado*.

Sobre este grave asunto de la inseguridad, aun cuando sigue siendo un asunto pendiente, hemos logrado frenar la tendencia al alza en homicidios y se ha reducido el robo de vehículos. Pongo de ejemplo estos dos ilícitos, en los cuales prácticamente no hay cifra negra y que reflejan mejor la realidad en esta materia.

Reitero que, aunque todavía no tenemos buenos resultados en cuanto a la disminución de la incidencia delictiva en el país, y que esta constituye nuestro principal desafío, estamos seguros de que lograremos serenar a México con trabajo coordinado de todo el Gobierno, con perseverancia, profesionalismo, honestidad y, sobre todo, con acciones guiadas por el principio de que la paz es fruto de la justicia.

10. República amorosa y fraterna

Como ya he abordado con amplitud los temas de honestidad, desarrollo, justicia y seguridad, ahora expreso el fundamento para hacer posible la existencia de una república amorosa, concepto que he venido definiendo y delineando en años recientes. En mi opinión, la decadencia que padecemos se ha producido tanto por la falta de oportunidades de empleo, estudio y otros satisfactores básicos, como por la pérdida de valores culturales, morales y espirituales. Por ello, mi propuesta para lograr el renacimiento de México tiene el propósito de hacer realidad el progreso con justicia y, al mismo tiempo, auspiciar una manera de vivir sustentada en el amor a la familia, al prójimo, a la naturaleza, a la patria y a la humanidad.

Los seres humanos necesitan bienestar. Nadie puede ser feliz sin trabajo, alimentación, salud, vivienda o cualquier otro satisfactor básico. Un hombre en la pobreza piensa cómo sobrevivir antes de ocuparse de tareas política, científicas, artísticas o espirituales. Federico Engels lo explicó magistralmetne en su discurso ante la tumba de Carlos Marx, argumentando lo siguiente:

> Así como Darwin descubrió la ley del desarrollo de la naturaleza orgánica, Marx descubrió la ley del desarrollo de la historia humana: el hecho, tan sencillo, pero oculto bajo la maleza ideológica, de que el hombre necesita, en primer lugar, comer, beber, tener un techo y vestirse antes de poder hacer política, ciencia, arte, religión, etc.; que, por tanto, la producción de los medios de vida inmediatos, materiales, y por consiguiente, la correspondiente fase económica de desarrollo de un pueblo o una época es la base a partir de la cual se han desarrollado las instituciones políticas, las concepciones jurídicas, las ideas artísticas e incluso las ideas religiosas de los hombres y con arreglo a la cual deben, por tanto, explicarse, y no al revés, como hasta entonces se había venido haciendo.[31]

Pero el sentido de la vida no debe reducirse únicamente a la obtención de lo material, a lo que poseemos o acumulamos. Una persona sin apego a un código de principios no necesariamente logra la felicidad. En algunos casos, triunfar a toda costa y en forma inescrupulosa conduce a una vida vacía, infeliz y deshumanizada. De ahí que deberá buscarse siempre el equilibrio entre lo material y lo espiritual: procurar que a nadie le falte lo indispensable para la sobrevivencia y cultivar los mejores sentimientos y actitudes hacia nuestros semejantes.

Cuando hablo de una república amorosa, con dimensión social y grandeza espiritual, propongo regenerar la vida pública de México mediante una nueva forma de hacer política, aplicando en prudente armonía tres ideas rectoras: la honestidad, la justicia y el amor. Honestidad y justicia para mejorar las condiciones de vida y alcanzar la tranquilidad y la paz pública; y el amor para promover el bien y lograr la felicidad. Como hemos sostenido más de una vez, la crisis actual se debe no solo a la falta de bienes materiales, sino también a la pérdida de valores. De ahí que sea indispensable auspiciar una nueva corriente de pensamiento para promover un paradigma moral del amor a la familia, al prójimo, a la naturaleza y al país.

La descomposición social y los males que nos aquejan no solo deben contrarrestarse con desarrollo y bienestar, y mucho menos con medidas coercitivas. Las acciones para mejorar en lo material son importantes, pero no bastan: es preciso también fortalecer los sentimientos humanitarios. José Martí, en el prólogo al libro *La decadencia de la mentira. La importancia de no hacer nada*, de Oscar Wilde, sostiene que le parecían «abominables los pueblos que, por el culto de su bienestar material, olvidan el bienestar del alma, que aligera tanto los hombros humanos de la pesadumbre de la vida, y predispone gratamente al esfuerzo y al trabajo».[32]

A partir de la reserva moral y cultural que todavía existe en las familias y en las comunidades del México profundo, y apoyados en la inmensa bondad de nuestro pueblo, estamos emprendiendo la tarea de exaltar y promover valores individuales y colectivos. Es urgente revertir el actual predominio del individualismo por sobre los principios que alientan a hacer el bien en pro de los demás. Sé que este es un tema muy polémico, pero creo que, si la regeneración moral no se pone en el centro de la discusión y del debate, no iremos al fondo del problema. Debemos convencer de la necesidad de impulsar cambios éticos para transformar a México. Solo así podremos hacer frente a la mancha negra del individualismo, la codicia y el odio que nos ha llevado a la degradación progresiva como sociedad y como nación. Quienes piensan que este asunto no corresponde a la política olvidan que la meta última de la política es lograr el amor y hacer el bien, porque en ello radica la verdadera felicidad. En 1776, la Declaración de Independencia de Estados Unidos planteó la búsqueda de la felicidad como uno de los derechos fundamentales de las personas y señaló que garantizarlo era una de las funciones del Gobierno. El artículo primero de la Constitución francesa de 1793 establece que el fin de la sociedad es la felicidad común. El artículo 24 de nuestra Constitución de Apatzingán, de 1814, señala: «La felicidad del pueblo y de cada uno de los ciudadanos consiste en el goce de la igualdad, seguridad, propiedad y libertad. La íntegra conservación de estos derechos es el objeto de la institución de los gobiernos y el único fin de las asociaciones políticas».

Desde el Antiguo Testamento hasta nuestros días, la justicia y la fraternidad han tenido un lugar preponderante en la ética social. En los primeros libros de la Biblia hay muchas referencias acerca del trato especial que deben recibir los débiles y oprimidos. Esta dimensión ética y social puede encontrarse en las enseñanzas de iluminados, profetas, sabios y maestros de todas las religiones. Pero, desde la Antigüedad, estos preceptos de justicia y bondad también son concebidos y practicados por no creyentes. Ha habido en la historia de la humanidad hombres inclinados a la filosofía y a la ciencia, como Aristóteles, quien sostenía: «La ciencia política emplea sus mejores esfuerzos en procurar que los ciudadanos posean cierto carácter, es decir, que sean buenos y estén capacitados para los actos nobles».

En los tiempos más recientes y en nuestro continente se sabe de revolucionarios, partidarios no solo de la justicia, sino de la bondad. Eduardo Galeano, en uno de sus últimos libros, *Los hijos de los días*, hace mención de un hombre ejemplar, Rafael Barrett, quien «pasó más tiempo en la cárcel que en la casa, y murió en el exilio», y que solía repetir esta frase: «Si el bien no existe, hay que inventarlo». Y para no ir tan lejos, es cosa de leer las cartas que Ricardo Flores Magón dirigía desde la cárcel de Los Ángeles a su adorada María, su «dulce criatura». Este hombre anticlerical, íntegro, recto hasta el extremo, que solo pensaba en la justicia y en la revolución, aclara que «ser firme es cosa bien distinta a ser insensible», y escribió bellísimas cartas de amor, en las cuales pedía a su amada que pasara por el callejoncito fuera del penal, porque quería desde su celda ver su «carita tan linda». Es decir, a final de cuentas, en el sentido más amplio, como dice Silvio Rodríguez: «A un buen revolucionario solo lo mueve el amor».

Esta sensibilidad profunda es consustancial a la idiosincrasia de nuestro pueblo. Aquí recreo la conmovedora historia que viví hace seis años, cuando un familiar estuvo hospitalizado en el Instituto Nacional de Enfermedades Respiratorias (INER). En el área de Neumología, había un niño a quien de cariño le decían *Chuchín*. Nació a los seis meses de gestación y padecía una enfermedad que requería de atención médica especializada y permanente. Nunca pudo comer sólidos porque tenía una traqueotomía y lo alimentaban desde el estómago a través de un aparato. No conoció la calle; permaneció tres años en el hospital. Sus padres son personas humildes de Xochimilco. Pues bien, este niño fue tratado por todos los trabajadores del INER con el amor que merecía. Me consta que lo adoraban afanadoras, trabajadoras sociales, enfermeras y enfermeros, doctoras y doctores, vigilantes y directivos del instituto. El Día del Niño, el Día de Reyes o cuando cumplía años, lo celebraban con pastel, juguetes y regalos. Hasta que, lamentablemente, dejó de existir, pero contó con el amor de todos a su alrededor.

A esto me refiero cuando hablo de enaltecer los sentimientos y propagarlos. Además, repito, ya los tenemos:

basta con darles su sitio y su importancia. Sin embargo, hay quienes sostienen que hablar de fortalecer los valores espirituales es inmiscuirse en el terreno de lo religioso. La respuesta magistral a tal cuestionamiento la aporta Alfonso Reyes en su *Cartilla moral:* el bien no solo es obligatorio para los creyentes, sino, en general, para todas las personas; el bien no solo se funda en una recompensa que el religioso espera recibir en el cielo, sino en razones que pertenecen a este mundo. En los pueblos de Oaxaca, por ejemplo, los miembros de la comunidad practican sus creencias religiosas y, al mismo tiempo, trabajan en obras públicas y en cargos de Gobierno sin recibir salario o sueldo, motivados por el principio moral de que se debe servir a los demás, a la colectividad.

Luego entonces, el propósito es contribuir a la formación de mujeres y hombres buenos y felices, con la premisa de que ser bueno es el único modo de ser dichoso. El que tiene la conciencia tranquila duerme bien y vive contento. Debemos insistir en que hacer el bien es el principal de nuestros deberes morales. El bien es una cuestión de amor y de respeto a lo que es bueno para todos. Además, la felicidad no se logra acumulando riquezas, títulos ni fama, sino mediante la armonía con nuestra conciencia, con nosotros mismos y con el prójimo.

La felicidad profunda y verdadera no puede saberse únicamente en los placeres fugaces. Estos aportan felicidad instantánea, pero si no se ha otorgado a la existencia propia un sentido adicional y trascendente, después de ellos queda el vacío de la vida, que puede ser terriblemente triste y angustioso. Cuando se pretende sustituir la entrega al bien con esos placeres efímeros, puede suceder que estos conduzcan a los vicios y a la corrupción, y que aumente más y más la infelicidad. En consecuencia, es necesario concentrarnos en hacer el bien, en el amor y en armonizar los placeres que ayudan a aliviar las tensiones e insatisfacciones de la vida. José Martí decía que autolimitarnos, la doma de nosotros mismos, forja la personalidad, embellece la vida y da felicidad. Pero en caso de conflicto o cuando se tiene que optar, la inclinación por el bien ha de predominar sobre los placeres momentáneos. Por eso es muy importante una elaboración libre y personal sobre lo que constituye el bien para cada uno de nosotros, según sean nuestra manera de ser y de pensar, nuestra historia vital y nuestras circunstancias sociales.

Sin embargo, existen preceptos generales que son aceptados como fuente de felicidad humana. Reyes, en su *Cartilla moral*, los aborda desde el más individual hasta el más general, desde el más personal hasta el más impersonal. Podemos imaginarlos, escribe, como una serie de círculos concéntricos: comenzamos por el interior y vamos tocando otro círculo más amplio. Según Reyes, son seis preceptos básicos los que forman parte del código del bien: el respeto a nuestra persona en cuerpo y alma; el respeto a la familia; el respeto a la sociedad humana, en general, y a la sociedad, en particular; el respeto a la patria; el respeto a la especie humana; y el respeto a la naturaleza que nos rodea.

Mucho antes, León Tolstói, en su libro *Cuál es mi fe*, señalaba cinco condiciones para la felicidad terrenal admitidas generalmente por todo el mundo: el poder gozar del cielo, del sol, del aire puro y de toda la naturaleza; el trabajo que nos gusta y hemos elegido libremente; la armonía familiar; la comunión libre y afectuosa con todas las personas; y la salud y la muerte sin enfermedad.

Por supuesto, hay otros preceptos que deben ser exaltados y difundidos: el apego a la verdad, la honestidad, la justicia, la austeridad, la ternura, el cariño, la no violencia, la libertad, la dignidad, la igualdad, la fraternidad y la verdadera legalidad. También deben incluirse principios y derechos de nuestro tiempo, como la no discriminación, la diversidad, la pluralidad y el derecho a la libre manifestación de las ideas y la soberanía personal. Ha de admitirse que en nuestras familias y pueblos existe una reserva moral derivada de nuestras culturas, forjadas en la confluencia de distintas civilizaciones y, en particular, de las culturas mesoamericanas.

En suma, estos fundamentos para una república amorosa deben convertirse en un código del bien. De ahí que mantengamos el compromiso de convocar, con este propósito, a la elaboración de una constitución moral, a especialistas en la materia: filósofos, psicólogos, sociólogos y antropólogos, así como a todos aquellos que tengan algo que aportar al respecto: ancianos venerables de las comunidades indígenas, maestros, padres y madres de familia, jóvenes, escritores, poetas, mujeres, empresarios, defensores de la diversidad y de los derechos humanos, practicantes de diversas religiones, librepensadores y ateos. Informo que ya empezamos con foros de consulta y existen reportes sobre las opiniones. La información se comparte y pronto, muy pronto, los organizadores José Agustín Ortiz Pinchetti, Verónica Velázquez y Enrique Galván Ochoa nos convocarán a participar en el Congreso de reflexión, análisis y aprobación de la Constitución Moral.

Una vez elaborada esta constitución moral, vamos a fomentar valores por todos los medios posibles. Los contenidos serán transmitidos en las escuelas, en los hogares y a través de impresos, radio, televisión y redes sociales. Por ejemplo, a todos los adultos mayores que tienen garantizado su derecho a una pensión justa se les convocará a participar, de manera voluntaria, para destinar un poco de su tiempo a dar consejos sobre valores culturales, cívicos y espirituales a sus hijos, nietos y otros miembros de la familia. Como arriba se dijo, ya empezamos con la reedición y distribución de la *Cartilla moral* de Alfonso Reyes. También se están reimprimiendo millones de libros del Fondo de Cultura Económica de grandes autores y de temas históricos, cívicos y literarios que se venden a un precio accesible, igual al valor de una bebida industrializada.

En fin, nuestro propósito no solo es erradicar la corrupción política y moral que nos estaba hundiendo como sociedad y como nación, sino también establecer las bases para una convivencia futura sustentada en el amor y en «hacer el bien sin mirar a quién», como nos lo recomendaban con gran sabiduría nuestros antepasados.

EPÍLOGO

Todo lo expuesto en este libro tiene como punto central la convicción de que el quehacer nacional en su conjunto —el económico, el político, el social, el cultural— no debe ser orientado a alcanzar a otros países; a multiplicar de manera irracional y acrítica la producción, la distribución y el consumo; a embellecer los indicadores; ni mucho menos a concentrar la riqueza en unas cuantas manos, sino al bienestar de la población. En dicha tarea hay lugar para empresarios y campesinos, para artistas y comerciantes, para trabajadores y profesionistas, para jóvenes y viejos, para hombres y mujeres, para indígenas y mestizos, para norteños y sureños, para potentados y desempleados. Nada humano es ajeno y nadie debe faltar a la cita que tenemos para saciar el hambre y la sed de justicia de nuestro pueblo. México, con su grandeza de antaño, tiene condiciones inmejorables para convertirse en el laboratorio social y cultural del mundo.

Es mucho lo alcanzado en pos de estos ideales. Con lo conseguido, en apenas un año, bastaría para demostrar que el cambio de gobierno no ha sido más de lo mismo; por el contrario, está en marcha una auténtica regeneración de la vida pública. No obstante, debemos seguir trabajando con intensidad, porque mientras más rápido terminemos la obra de transformación, más tiempo tendremos para consolidarla y convertirla en hábito democrático, en forma de vida y de gobierno. La recomendación que nos hace la gente —y que estamos aplicando— es la de actuar de manera precavida y no confiarnos; avanzar sin tregua y con profundidad, a tal punto que ni aun regresando al poder el conservadurismo faccioso y corrupto, pueda darse marcha atrás a lo establecido y logrado en beneficio del pueblo.

Confieso que hemos contado con suerte. Maquiavelo decía que la política era virtud y fortuna. En este tiempo han soplado buenos vientos, y estamos llevando a la práctica una transformación profunda con poca confrontación y sin violencia. No dejan de existir, ni queremos que desaparezcan, las protestas de nuestros adversarios: los conservadores que se oponen a cualquier cambio verdadero y están como fuera de quicio. Sin embargo, no han podido constituir un grupo o facción con la fuerza de los reaccionarios de otros tiempos. Además, están moralmente derrotados porque no han tenido oportunidad de establecer un paralelo entre la nueva realidad y el último periodo de prostitución y oprovio neoliberal, que ha pasado a ser una de las épocas más vergonzosas en la historia de México.

Si seguimos actuando con apego a principios y aplicando con voluntad firme la política de moralización de la vida pública, nada ni nadie podrá detener la consumación de los sagrados principios de la soberanía del pueblo, y el interés nacional se impondrá siempre al de un puñado de hombres ambiciosos, engañados y seducidos por el falso brillo de lo material y lo mezquino.

Afortunadamente, mientras los opositores viven aturdidos y desconcertados, la mayoría de la gente está contenta y apoya la transformación, hasta empresarios están cooperando: invierten, crean empleos, aceptan utilidades razonables y pagan sus contribuciones. Todo ello me mantiene optimista y feliz.

Termino citando un fragmento de un texto inédito escrito por don Julio Scherer García hace 18 años, que parece dirigido a narrar el interesante tiempo que nos ha tocado vivir: «Una nación quebrantada por su corrupción interna, su analfabetismo masivo, su inequidad brutal, su miseria vergonzosa, como es el caso de México, solo puede fortalecerse en los valores».

Así es, don Julio, solo con libertad, dignidad, justicia, soberanía, cultura, democracia, respeto a la naturaleza y moralización, habrá una patria nueva como usted la soñó, al igual que muchos otros que ayudaron a empezar la obra de transformación que ahora estamos consumando desde abajo y entre todos, en bien del pueblo y de las futuras generaciones. Así sea. Somos dichosos.

NOTAS

1 *La mafia nos robó la Presidencia*, página 25, editorial Grijalbo, Ciudad de México, primera edición, 2007).
2 Bernal Díaz del Castillo, *Historia verdadera de la conquista de la Nueva España*, Ed. Carmelo Sáenz de Santamaría, Madrid/México, Alianza/Patria, 1991, pp. 304.
3 «Informe del estado en que Diego Carrillo de Mendoza y Pimentel, Marqués de Gelves, halló los reinos de la Nueva España. 1628», en *Los virreyes españoles en América durante el gobierno de la casa de Austria*, Lewis Hanke, Madrid, Biblioteca de Autores Españoles/Atlas, Vol. III, 1977, pp. 113-160.
4 Fernando Benítez (ed.), *Historia de la Ciudad de México*, Tomo V, México, Salvat, 1982-1985, p. 31.
5 Paco Ignacio Taibo II, *Patria 3 (1864-1867). La caída del Imperio*, México, Planeta, 2017, p. 326.
6 Daniel Cosío Villegas, *Historia moderna de México 1. El*

Porfiriato, la vida política interior I, México, El Colegio Nacional, p. 713.

7 Francisco Bulnes, *El verdadero Díaz y la Revolución*, 1ª edición digital, México, Conaculta, 2013, p. 205.

8 Roger D. Hansen, *La política del desarrollo mexicano*, México, Siglo XXI, 2007, p. 165.

9 John W. F. Dulles, *Ayer en México. Una crónica de la Revolución (1919-1936)*, trad. de Julio Zapata, México, FCE, 1977, p. 11.

10 *Ibidem*.

11 Emilio Portes Gil, *La crisis política de la Revolución y la próxima elección presidencial,* México, Botas, 1957, pp. 220.

12 *Ibidem*, p. 91.

13 Jesús Silva Herzog, *Imagen y obra escogida. El petróleo y la Revolución*, México, UNAM, 1989, p. 82.

14 Lorenzo Meyer, *La expropiación petrolera y los británicos: un final largamente anunciado,* México, El Colegio de México, 1988, p. 41.

15 León Tolstói, *El reino de Dios está en vosotros,* México, Kairós, 2010, p. 158.

16 Fernando Benítez, *op. cit.*, p. 27.

17 *Ibidem,* p. 28.

18 Daniel Cosío Villegas, *op. cit.*, p. 180.

19 En México, 71 600 000 personas no tienen acceso a Seguridad Social (57.3% de la población total). Además, 60.1% de ellas (43 000 000) tiene ingresos inferiores a la línea de bienestar.

20 Para Coneval, en México 61 000 000 de personas

tienen ingresos inferiores a una canasta de bienes, cuyo valor equivalente es llamado «línea de bienestar». De ellos, 52 000 000 son identificados como pobres multidimensionales (con al menos una carencia entre las dimensiones de educación, salud, alimentación, seguridad social, calidad de espacios de la vivienda o servicios básicos de la vivienda).

21 No obstante, 47% del total poblacional tiene ingresos por debajo de la línea de pobreza, y poco más de 40% es pobre multidimensional en la metodología de Coneval; la pobreza entre la población indígena asciende a 75% en cualquiera de sus ascepciones.

22 Puntualmente, 3 860 000 personas habitan en una vivienda con piso de tierra, 9 060 000 personas presentan carencia de acceso al agua y 7 800 000 personas carecen de drenaje adecuado. Coneval no considera el dato de servicio sanitario dentro de la vivienda.

23 Considerando que Coneval registra como poblaciones rurales únicamente localidades menores de 2 500 habitantes.

24 En 2005, casi 40% de los trabajadores subordinados percibía dos salarios mínimos o menos, lo cual representaba 24.6% de la Población Económicamente Activa (PEA). En 2018, 53.4% de los trabajadores subordinados percibía hasta dos salarios mínimos, que representa 35.1% de la PEA.

25 Alejandro Desfassiaux, «37 meses sin respuestas». *Mundo Ejecutivo*, enero de 2016, p. 52.

26 Inegi, *Censo de Población y Vivienda 2010*, México, 2010.

27 Conapo, *Proyecciones de la población en México 2010-2050*, México, 2012.

28 Registro Agrario Nacional (RAN), *Estadísticas Agrarias, corte junio 2019*, México, 2019.

29 Statista, *Evolución de la tasa de crecimiento de la población en México entre 1990 y 2015*, México, 2019.

30 Semarnat, *Anuario estadístico de la producción forestal 2016*, México, 2016.

31 Federico Engels, *Discurso ante la tumba de Marx*, en Mark Engels, Obras escogidas, Moscú, Ed. Progeso, 1974, pp. 451 y 55.

32 José Martí, «Oscar Wilde», en Oscar Wilde, *La decadencia de la mentira. La importancia de no hacer nada*, trad. de Miguel Guerra Mondragón, Madrid, Ed. América, año [n.d.], pp. 7-25.